Das Felseneiland

Margarete Wein

Das Felseneiland

Großvater Buchholtz und sein Märchenbuch

Mit Illustrationen von Ullrich Bewersdorff
und von Schülern des Burggymnasiums Wettin

mitteldeutscher verlag

$\mathcal{D}$a war mal ein Großvater ...

... der weder Hallenser noch Hallore oder gar Hallunke war. Vielmehr lebte er lange Zeit auf einer Insel im nordöstlichen Binnenmeer. Zuerst viele Jahre mit seiner großen Familie, später ganz allein. Sein einziger Sohn war aus dem Krieg nicht zurückgekehrt, dann gingen eine nach der anderen die Töchter fort, zum Schluss die Jüngste mit dem Enkelkind Marie, und seine Frau auch.

»Halle an der Saale – also nein!« Der Großvater schüttelte den Kopf, »was wollt ihr denn dort?« Doch die Entscheidung war gefallen, er bekam auf die zum zehnten Mal gestellte Frage keine Antwort mehr. Mit Missbilligung und hilflos sah er zu, wie binnen weniger Jahre die gesamte Familie ins südlicher liegende Mitteldeutschland zog. Trotzdem begann er irgendwann und irgendwie jene Stadt an der Saale zu lieben. Bot doch die Beschäftigung mit ihr und ihrer Geschichte, von seltenen Besuchen abgesehen, für ihn die einzige Chance, aus der Ferne mit seinen Lieben verbunden zu bleiben. Und so erkannte er – wie zu jener Zeit selten ein Fremder – ihre spröde Schönheit unter der stumpfen Patina aus Verwahrlosung und Ignoranz.

Das alte Haus auf der Insel aber gab er nicht auf. Es war ja sein eigenes, vor Jahrzehnten mit dem Rest verlorener Millionen von einem Bankrotteur erworben. Schon damals fast baufällig, doch immerhin das Letzte, was ihm nach der Inflation blieb – und aus Mangel an Geld vom ersten Tag an weiter verfiel. Doch es war und blieb sein Zuhause, auch nachdem die Familie sich fast vollzählig in Halle zusammenfand. Alle trafen sich da wieder, alle außer ihm. Er hielt an seinem Eigenbrötlerdasein fest, nichts Anderes kam für ihn in Betracht.

Ein Lied, das er als Student in Breslau und Freiburg gesungen hatte, ging dem Großvater durch den Kopf: »An der Saale hellem Strande ...« von Ernst Kugler. Und er erinnerte sich an verträumte Verse des jungen Joseph von Eichendorff, der vor anderthalb Jahrhunderten drei Semester in Halle studierte: »Da steht eine Burg überm Tale ...« Diese Stadt muss, sinnierte er, wohl wirklich recht reizvoll sein. Er wollte einfach, obgleich es anders schien, dass es so sei, und gab sich alle Mühe, bis es für ihn in der Tat so war. Einige Jahre lang fuhr er, immer im Frühjahr oder im Herbst, für eine Woche zu seinen Kindern und Kindeskindern auf Besuch.

Dann packte der Großvater Rasierzeug, ein frisches rotweißkariertes Taschentuch und zweimal Wechselwäsche mit Socken in ein Lederköfferchen, außerdem ein abgegriffenes dickes Buch. Darin waren dreizehn Märchen aufgeschrieben, die er sich für seine Kinder ausgedacht hatte. Nun sollte auch Marie sie kennenlernen. Deshalb trug er in Halle seine Märchen meist in einer alten langhenkeligen Segeltuchtasche mit sich herum, wenn er mit der Enkelin spazieren ging. Und das war seine Lieblingsbeschäftigung in der anfangs fremden Stadt, die ihm vertrauter wurde mit der Zeit.

Durchstreifte der Großvater mit Marie die Straßen, gelang es ihm aber nicht immer, die Aufmerksamkeit des

Saale am Giebichenstein

Kindes zu fesseln. Trotz seiner Hinweise, wie schön dieses oder jenes Haus sei, man könne ja die frühere Pracht noch erahnen, sah Marie oft nur das baumlose Grau und sehnte sich zurück nach Weiß und Blau und Grün von Strand und Meer und Wald. Doch wenn sie durch die städtischen Parkanlagen oder in den Zoologischen Garten gingen, am Saaleufer entlangspazierten, den Stadtwald oder die nähere Umgebung erkundeten, lebte das Mädchen auf und ließ sich gern in Großvaters Märchenwelt entführen.

Beim ersten Mal wollte der Großvater sehen, was die Romantiker in Halle zu Liedern und Gedichten inspiriert hatte. Er nahm Marie bei der Hand, sie gingen bis zum Marktplatz. Dort stiegen sie in die Straßenbahn Nummer 7. Sie bezahlten jeder fünfzehn Pfennige und fuhren dafür durch die halbe Stadt, am Gasthaus »Zum Mohren« vorbei bis zum vornehmen Stadtteil Kröllwitz, der vor Zeiten ein Dorf gewesen war. Das konnte man deutlich sehen: An beiden Seiten war die Brücke, über die ihre Bahn gefahren war, mit gewaltigen Tierfiguren verziert, am Südufer mit einem Pferd, am Kröllwitzer Nordufer mit einer Kuh. Sie stiegen einen gewundenen Pfad empor, bis sie zur Kirche Sankt Petri kamen. Oben erwartete sie ein weiter Blick über das Saaletal mit der gegenüberliegenden Burgruine Giebichenstein. Vielleicht hatte Eichendorff genau hier gestanden, als ihm seine Verse von der »Burg überm Tale« einfielen.

Der Großvater sang leise das Lied von den »Burgen stolz und kühn« vor sich hin, von den »verschwundenen Rittern« und vom Wandersmann, der auf »altbemoosten Steinen oft Gestalten zart und mild« erblickt. Er hatte es vor vielen Jahren – noch vor dem ersten großen Krieg – bei einem Studententreffen auf der Rudelsburg zum ersten Mal gehört und nie vergessen.

»Gibt es denn wirklich gar keine Ritter mehr?«, fragte das Kind. »Nein«, sagte der Großvater, »aber wenn du willst, lese ich dir ein Märchen vor von zwei Rittern, die vor langer Zeit lebten und deren Burgen bestimmt so ähnlich aussahen wie die Burg da druben, als sie noch keine Ruine war.«

Sie setzten sich auf eine Bank. Der Großvater holte das Märchenbuch hervor, rieb mit dem rotweißkarierten Taschentuch die Gläser seines altmodischen Kneifers blank, klemmte ihn sich auf die Nase und las:

Zwei Ritter

Da war mal ein kleines Dorf an einem großen See. Dort erzählten sich die Leute seit langer Zeit immer wieder dieselbe Geschichte, die aber noch nicht zu Ende war. Die Jungen erfuhren sie von den Alten, und wenn es dafür an der Zeit war, erzählten auch sie ihren Söhnen und Töchtern davon. Und so ging das seit Generationen fort und fort ...

Schon wieder klang es wie ein Donnerschlag. In der letzten Hütte am Ende der Dorfstraße drängten sich zwei Kinder eng an ihre Mutter. »Was war denn das, es hörte sich wie ein Krachen tief in der Erde an?«, fragte der kleine Paul, und sein Schwesterchen Emma schaute ihn ganz verängstigt an.

»Das kann man öfter hören, aber selten so laut wie eben. Alle paar Wochen dröhnt was von tief unten herauf, meist hört man es aber nur, wenn alles still ist, wie in der

Nacht.« – »Ich habe schon mal nachts was gehört«, sprach Emma jetzt, »aber nicht so laut, und ich hatte auch gar keine Angst, denn das Haus zitterte nicht wie jetzt eben; da bin ich bald wieder eingeschlafen.« – »Weißt du wirklich nicht, Mutter, was das für ein Poltern ist?«, fragte Paul, der nun recht neugierig geworden war, noch einmal.

»Ja«, sprach die Mutter, »ich will es euch erzählen. Aber ihr müsst mir versprechen, ohne Angst zuzuhören. Wir haben nichts zu befürchten, es ist auch nicht nahe bei uns, sondern auf der anderen Seite des Sees, und so tief unter der Erde, dass uns hier oben nichts zustoßen kann.« – »O ja, Mutter, erzähl!«, riefen jetzt beide Kinder zugleich. Und das Mädchen fügte hinzu: »Wenn uns nichts passieren kann, habe ich auch gar keine Angst mehr.« – »Nun, dann hört gut zu, es ist eine lange Geschichte.

Vor vielen hundert Jahren stand auf der anderen Seite des Sees auf dem höchsten felsigen Berg eine große, feste Burg. Sie gehörte einem edlen Ritter, der war im ganzen Land nicht nur wegen seines Reichtums bekannt, sondern auch, weil er viel Gutes tat und sehr mildtätig war. Darum wurde er von allen Menschen geachtet und geliebt.

Nicht weit davon stand eine zweite Burg auf jenem anderen hohen Berg, den ihr ganz hinten rechts liegen seht. Die Mauerreste dieser Burg sind noch vorhanden, aber der Burgherr war ein schlechter Mensch. Immer hatte er mit allen Leuten Streit, und vielen raubte er ihr geringes Hab und Gut.

Er war neidisch auf den edlen Ritter, weil dieser viel reicher war als er und weil ihn alle Menschen liebten. Des bösen Burgherrn ganzes Sinnen ging nur dahin, wie er die andere Burg und den Reichtum des guten Ritters an sich bringen könnte.

Das war aber schwer, denn die Burg auf dem Felsberg ließ sich kaum bezwingen, und der edle Ritter wusste vom Hass seines Nachbarn und war deshalb ständig auf der Hut.

Eines Nachts brach in unserm Dorfe ein Feuer aus, das viele Häuser, Ställe und Scheunen zerstörte. Es leuchtete weit über den See und auch die beiden Ritter sahen es. Aber nur der gute Ritter, von Mitleid mit den armen Menschen getrieben, eilte mit seinen Mannen herbei, um das Feuer löschen zu helfen.

Da aber sein böser Nachbar Tag und Nacht Kundschafter ausschickte, die sich in der Nähe der Burg am See aufhielten und den Ritter beobachteten, erfuhr er ohne Verzug, dass dieser mit fast seiner gesamten Burgmannschaft ausgezogen war, um das Feuer zu bekämpfen. Sofort rief er sein Kriegsvolk zusammen. Endlich war es soweit! Jetzt würde die Burg des reichen Ritters eine leichte Beute sein. Er versprach seinen Leuten, sie könnten mit den wenigen Wächtern sehr bald fertig werden, und vom Reichtum des Ritters sollte jeder von ihnen etwas abbekommen. Wenn der Burgherr mit seinen Leuten zurückkehre, hätten sie leichtes Spiel, weil diese unbewaffnet ausgezogen seien und deshalb schnell alle tot oder gefangen wären.

Als die gierigen Gefolgsleute des bösen Ritters das hörten, jubelten sie vor Begeisterung, legten ihre Waffen an und zogen mit ihrem Burgherrn gegen die Felsfeste am See. Der tückische Überfall ging in Windeseile vonstatten: Bald war die schwache Torwache besiegt und die geringe Besatzung niedergemacht.

Der böse Ritter und seine Kriegsmannen plünderten die ganze Felsburg aus. Dann besetzten sie Mauern und Zinnen,

Zwei Ritter

die Zugbrücke und das Tor. Vor der Burg legten sich etliche in einen Hinterhalt, um die Heimkehrenden gefangenzunehmen. Eilig versteckten sie sich, denn schon sahen sie, dass alle Feuer im Dorfe gelöscht waren. Der Edle und seine Mannen würden also bald zu erwarten sein.

Es dauerte auch nicht lange, da kam der gutherzige Ritter mit den Seinen zurück: Sie wurden schnell überwaltigt, viele fanden den Tod, der Burgherr selbst wurde schwer verwundet und starb bald darauf. Der Böse aber behielt die Felsenburg und war nun der reichste Ritter weit und breit.

Alle Menschen hier in der Gegend trauerten um den edlen und geliebten Ritter, am meisten die Einwohner unseres Dorfes. Sie verfluchten die Mordbrenner und wünschten sich, die Felsburg möge tief in die Erde versinken und alle Räuber mit ihr.

Als nun die Dorfbewohner am nächsten Morgen über den See schauten, war ihr Erstaunen groß, denn ihr Fluch hatte sich erfüllt: Die Burg war in einer tief unter der Erdoberfläche liegenden Höhle verschwunden. Seitdem mühen sich diese bösen Menschen da unten ab und wollen wieder heraus. Es heißt, dass sie viele hundert Jahre nicht sterben können, sondern sich immer weiter quälen müssen mit dem Versuch, ans Tageslicht zu gelangen. Aber das soll ihnen nie gelingen, denn eines Tages, wenn sie bis dicht an die Oberfläche gekommen sein werden, wird diese zerbersten und alle erschlagen.

Und wenn ihr, meine lieben Kinder, es in der Erde dröhnen hört, dann haben die Räuber da unten gerade wieder ein großes Felsstück abgeschlagen und dies fällt auf den Boden der Höhle herab. Bei kleinen Felsbrocken ist nur wenig zu hören; wenn sich aber ein mächtiges Stück ablöst, dann gibt es ein lautes Krachen und wir hören es so deutlich wie vor kurzem.

Dann erzittert die Erde weit und breit um den Berg herum. Und wer gerade drüben am See bei dem Berge steht, merkt die unheimlichsten Erschütterungen.

Auf den Berg selbst aber geht seit langer Zeit niemand mehr. Man weiß ja nicht, wann die unten Wühlenden so weit gekommen sind, dass der ganze Berg in sich zusammenbricht. Jeder, der in diesem Moment oben stände, käme unweigerlich ums Leben.«

Kaum hatte die Mutter ihre Erzählung beendet, verspürten alle drei ein entsetzliches Beben. Es erfasste die ganze Erde, viel weiter als sonst um die Burg herum, mit so furchtbarem Krachen, dass alle Fenster im Hause klirrten. Erschrocken eilten die Kinder hinaus und die Mutter folgte ihnen auf dem Fuß. Solch ein Dröhnen hatte keines von ihnen bisher erlebt. Der Boden unter ihnen wankte und sie fürchteten, ihr Haus würde einstürzen.

Doch plötzlich war alles ruhig, als wäre gar nichts geschehen. Und als sie über den See sahen, war der obere Teil des Burgfelsens verschwunden.

»Endlich sind die bösen Menschen da unten erschlagen«, sprach die Mutter und ein Stein fiel ihr vom Herzen. Paul und Emma freuten sich ebenso, denn das Krachen und Zittern der Erde war nun für immer vorbei.

Und wenn sie noch leben ... ja, dann ... genießen sie bis heute ihr Glück.

Den ganzen Heimweg über erfand Marie immer neue Möglichkeiten, wie der gute Ritter sich besser hätte schützen sollen, und konnte sich nicht genug darüber wundern, dass er so freundlich und hilfsbereit und zugleich so gutgläubig und wehrlos gegen den bösen Rivalen war. Am liebsten hätte der Großvater ihr das Grundmuster dieses Zweikampfs anhand von Beispielen aus der Weltgeschichte erklärt, aber er sah ein, dass die Enkelin noch zu klein dafür war.

Weil es den beiden am Ufer der Saale so gut gefallen hatte und die Sonne am nächsten Tag wieder so schön schien, steuerten sie nochmals dasselbe Ziel an. Diesmal mussten sie auf dem Marktplatz eine Weile warten, bis die richtige Bahn kam.

Unter den Arkaden eines Kaufhauses saß ein alter Mann über ein Marie unbekanntes Instrument mit Nägeln und Fäden gebeugt und spielte Weihnachtsweisen. Neben ihm auf dem Pflaster lag eine abgewetzte Mütze mit ein paar kleinen Münzen darin. Verwundert lauschten der Großvater und Marie. Sie ahnten natürlich nicht, dass es fünfzig Jahre später sogar ein Denkmal für diesen seltsamen Hallenser geben würde. Gerade wollte der Großvater in seinen Hosentaschen nach einem Fünfer kramen, da kam die Bahn aus der Leipziger Straße gefahren, und sie eilten zur Haltestelle zurück. Sie standen auf dem offenen Perron der alten Straßenbahn und ließen sich den warmen Frühlingswind um die Nasen wehen. Als sie hinter der Brücke ausgestiegen waren und das helle Licht im dunklen Fluss sich spiegeln und blitzen und glitzern sahen, sprach eine rüstige Alte sie an. Sie hatte ausgetretene Wanderschuhe an den Füßen und einen abgeschabten Rucksack auf dem Rücken. »Wollen Sie auch zum Amselgrund?«, fragte sie, »da kann man heute bestimmt schon die Kröten wandern sehen.« Der Großvater

Zither-Reinhold

und Marie wussten nicht, wovon die Rede war, und so gingen sie neugierig ein Stück Wegs mit der freundlichen Frau.

Die erzählte ihnen von den Kreuzerteichen und dass sie seit Jahren jedes Frühjahr dort sei und sich an den kleinen Kröten freue. Diese zögen ruhig ihren Weg, ganz gleich, ob von der Straße am Fluss Autolärm herauftönte oder gar Pferde vom nahen Gestüt vorbeitraben würden. Sie wussten genau, wohin sie mussten, und nichts brachte sie davon ab.

Bei den Teichen angelangt, war aber keine Kröte zu sehen. – »Vielleicht kommen sie erst morgen oder übermorgen«, orakelte ihre Begleiterin und verabschiedete sich. Marie hatte indes eine steinerne Bank entdeckt und zog den Großvater dorthin. Sie setzte sich und baumelte mit den Beinen. Fragend sah sie auf die Segeltuchtasche. Der Großvater griff bereitwillig nach dem Märchenbuch und sagte: »Da habe ich doch tatsächlich eine Geschichte, die ganz genau zu diesem Gewässer und seinen Bewohnern passt – selbst wenn wir sie diesmal nicht gesehen haben.« Er rückte seinen Kneifer auf der Nase zurecht, blätterte, bis er die richtige Seite gefunden hatte und begann:

Die Kröte

Da war mal ein junger Mann namens Hans. Des Alleinseins müde wollte er sich eine Gefährtin fürs Leben suchen. Aber soviel er auch Umschau hielt, er konnte die Richtige nicht finden. Und wenn er glaubte, endlich dem Mädchen begegnet zu sein, das ihm als Ehefrau hätte gefallen können – dann wollte sie ihn nicht! Denn besonders schön war er nicht. So wurde er immer trübsinniger und ging allen Menschen aus dem Wege. Dass sein Wunsch sich noch erfüllen würde, glaubte er nicht mehr.

Eines Tages kam er auf seinen einsamen Wegen in einen tiefen Wald. Es war ihm gleich, wohin er gelangen würde, so sehr war er in Gedanken versunken. Warum nur konnte und konnte er, was er suchte, nicht finden! Er trottete traurig vor sich hin. Schließlich traf er mitten im Walde auf einen großen Sumpf. Gerade wollte er um ihn herumgehen, da sprang kurz vor ihm eine Kröte auf den Weg, die sah ihn mit ihren blanken Augen ganz treuherzig an. Hans blieb stehen. Und unversehens redete die Kröte ihn an. »Warum bist du so traurig?«, fragte sie ihn. Er erzählte ihr, was für ein Kummer ihn bedrückte, und wollte weitergehen. Aber die Kröte sprach zu ihm: »Beuge dich nieder zu mir und gib mir die Hand; ich will dich führen, damit du das Mädchen findest, das du suchst.«

Doch Hans ekelte sich vor der glitschigen kalten Kröte und dachte bei sich, woher will sie denn wissen, wo das Mädchen wäre, das mir gefällt und das mich mag. Darum entgegnete er: »Ich glaube dir nicht«, und eilte davon.

Aber nach einer Weile musste er immer noch an die Kröte denken, und er ärgerte sich, dass er sie so schnell verlassen hatte. Wäre es nicht besser gewesen, ihr doch die Hand zu geben und wenigstens den Versuch zu wagen? Vielleicht hatte sie ja wahr gesprochen. Schließlich kehrte er um. Bald fand er den Sumpf und die nämliche Stelle. Suchend blickte er umher, aber diesmal blieb alles still und leer. Ratlos ging er um den ganzen Sumpf herum. Ein Mal, zwei Mal, dann sagte er sich: »Ein drittes Mal will ich noch herumwandern, wenn ich sie dann nicht entdecke, gebe ich es auf.« Und siehe da: Als er das dritte Mal

Die Kröte

herumgegangen war und sich dem alten Platz näherte, saß die Kröte wirklich wieder auf demselbem Fleck. Hans freute sich herzlich und war mit einem Mal ganz heiter. Die Kröte aber fragte ihn: »Warum bist du jetzt so froh?« Er antwortete: »Ich freue mich, dass ich dich wiedergefunden habe, und will doch wissen, ob du mir den richtigen Weg weisen kannst.« Da sagte die Kröte noch einmal: »Beuge dich nieder und gib mir die Hand. Ich will dich führen, damit dein Herzenswunsch in Erfüllung geht und du endlich das Mädchen findest, das du schon so lange suchst.« Hans überwand seine Scheu vor ihrer Kälte und Hässlichkeit und tat, was die Kröte verlangte.

Das war recht beschwerlich für ihn, denn er musste gebückt gehen, um die Hand der Kröte festhalten zu können. Es dauerte nicht lange, und ihm tat der Rücken weh. Als das immer schlimmer wurde, richtete er sich allmählich, ohne es zu merken, immer höher auf ... Er wurde gar nicht gewahr, dass die Kröte dabei größer wurde, denn sie hatte ihm gleich am Anfang gesagt: »Du musst unverwandt geradeaus schauen, bis du das Mädchen erblickst.« Das tat er auch und schaute nicht zu seiner Begleiterin hinab. Doch ihre Wanderung dauerte gar zu lange. Und als immer noch nichts von dem Mädchen zu sehen war, bezweifelte er, dass die Kröte ihm die Wahrheit gesagt habe. Am Ende wurde er böse auf sie und wollte ihr ein paar zornige Worte sagen.

Unbewusst war er jedoch schon eine ganze Zeitlang vollkommen aufrecht neben ihr hergegangen, und als er ihr jetzt Vorhaltungen machen und seinen Blick dabei auf sie richten wollte, zögerte er im letzten Augenblick. Denn die Kröte hätte ja leicht sagen können: »Wenn du nun das gesuchte Mädchen nie mehr findest, bist du selber schuld, denn du hast meine Mahnung, nur geradeaus zu sehen, nicht befolgt.« Also beherrschte er sich und schritt unbewegten Hauptes weiter voran. Dann aber packte ihn die Ungeduld. Ärgerlich sah er zur Seite und traute seinen Augen nicht: Was war das? Die Kröte war verschwunden! Hans hielt die Hand eines wunderschönen Mädchens in der seinen, und das lächelte ihm freundlich zu. Sein Wunschtraum war erfüllt. Die Schöne an seiner Seite aber lachte und sagte: »Seit du anfingst ungeduldig zu werden, gehe ich in dieser Gestalt neben dir. Ich war die Kröte, die du erlöst hast. Nur an einem einzigen Tag im Jahr durfte ich aus dem Sumpf kommen, und nur ein junger Mann, der mir die Hand reicht und sich von mir führen lässt, konnte mich vom Zauber befreien. Du bist der Mann! Wärest du nicht zurückgekommen und nicht drei Mal um den Sumpf gegangen, so hätte ich wieder ein weiteres Jahr auf meine Erlösung warten müssen.« Da war Hans hocherfreut und fragte, ob sie seine Frau werden wolle. »Gern will ich das, denn keinen Mann kann ich so lieben wie den, der mich erlöst hat.«

Sie blieben beieinander und wurden ein glückliches Paar.

Und wenn sie noch leben ... ja, dann ... genießen sie bis heute ihr Glück.

Marie wollte wissen, ob es vielleicht auch gereicht hätte, wenn Hans nur zwei Mal um den Sumpf gegangen wäre. Doch der Großvater blieb unerbittlich: »Im Märchen muss alles mit rechten Dingen zugehen. Wenn es drei Mal heißt, dann ist zwei Mal eben nicht genug. Komm, lass uns auch einmal um den Teich gehen, und dann ist es an der Zeit, nach Hause zu fahren.«

Sie wanderten die Wege im Amselgrund auf und ab und freuten sich am Lärm der Amseln, die dort in großer Zahl nisteten. Ein solcher Name kann ja kein Zufall sein. Sie kamen am Weinberggelände, wo noch keine Hochhäuser standen, und am Kreuzvorwerk vorbei, da gab es damals wirklich noch Pferde. Sie gelangten an eine zweite alte Steinbank, die stand halbrund vor einem Monument. Man konnte sogar, wenn auch undeutlich, noch verwitterte Schriftzeichen erkennen. Es war ein Gedenkstein für Hermann Fiebiger, der im vorigen Jahrhundert lange dem halleschen Verschönerungsverein vorstand – was dem Großvater allerdings unbekannt war. »Ob das die Eichendorff-Bank ist?«, fragte er sich, ohne zu ahnen, dass diese zwar in der Tat nahe dem Fluss, aber ein Stück stromab am jenseitigen Ufer in den Klausbergen zu finden war.

Dann gingen sie unter der Brücke mit den Tierfiguren hindurch. Marie sah aus der Nähe, wie riesig die Tiere waren. Das fiel umso mehr ins Auge, weil neben dem steinernen Sockel drei Kätzchen spielten. Die hätte Marie gern mitgenommen, aber sie durfte ja kein Haustier haben. Dass in der Talstraße schon damals Albert Ebert wohnte und märchenschöne kleine Bilder auf die Leinwand zauberte, konnten die beiden nicht wissen. Sie bogen links ab und waren im Handumdrehen wieder oben auf der Brücke, die sie nun zu Fuß überquerten. In der »Gosenschänke« legten sie eine Pause ein. »Bevor wir zurückfahren«, sagte der Großvater, »trinken wir hier noch eine Brause, du eine grüne und ich eine gelbe«, und meinte damit für sich natürlich ein Bier.

Drei Katzen

Die folgenden Tage waren feucht und kalt, es wehte ein hässlicher Wind aus Nordost. Der Großvater wäre trotzdem nach draußen gegangen, doch Marie mochte solches Wetter nicht. Da blieb sie lieber zu Hause und spielte mit ihrer Puppenstube oder ließ sich vom Großvater erzählen, welche Streiche er als Knabe seinen Schwestern gespielt hatte. Und sie versuchte sich vorzustellen, wie es wäre, selber Geschwister zu haben. Dass die Wohnung im Hinterhof eines einst prächtigen Bürgerhauses im Süden der Stadt dafür in Wirklichkeit viel zu klein war, wusste sie aber schon und machte sich deshalb gar keine Hoffnung.

Am Mittwoch, bevor der Großvater in diesem Jahr wieder abreisen musste, lockte noch einmal ein himmelblauer Sonnentag. Der Großvater hatte an den Abenden in einer alten Stadtchronik geschmökert und schlug vor, einmal zum Galgenberg zu fahren. Das klang aufregend und gruselig. Sie nahmen diesmal die Linie 3, die fuhr direkt vor ihrer Haustür ab und fast immer geradeaus gen Norden. An der Haltestelle »Kurallee« stiegen sie aus.

Vom Aussichtsplateau hoch oben über der Galgenbergschlucht sah Marie die ganze Stadt hingebreitet, unzählige graue Häuser, spitze und gerade Dächer und viele Türme, die meist zu Kirchen gehörten. Aus vielen Schornsteinen kräuselte Rauch, denn es war zwar schönes Wetter, aber das alte Mauerwerk der oft feuchten und teilweise baufälligen Häuser erwärmte sich nur langsam. Wer drinnen nicht frieren wollte, musste immer noch ein paar Kohlen in den Ofen schieben.

Nachdem die beiden kreuz und quer durch das ausgedehnte Gelände gestromert waren und an den steinigen Hängen einige waghalsige Kletterpartien unbeschadet überstanden hatten, entdeckten sie an einem Abhang eine Bank unter einer Eiche, so dass sie sich ausruhen konnten. Der Großvater würde bestimmt ein Märchen haben, das gut in diese Felsenschlucht passte.

Und so war es in der Tat. Umständlich kramte er Buch und Tuch und Kneifer heraus und las:

Das Zwergenvolk

Da war mal am Fuß des Gebirges ein großes schönes Dorf. Unweit davon führte ein einsamer Weg durch einen dunklen Tannenwald zu einem hohen Berg hinauf. Zuerst allmählich, dann immer steiler stieg der Pfad an, bis man auf der Höhe des Berges eine kleine Kuppe erreichte. Doch wer auf der anderen Seite wieder herunterwollte, kam nicht weit: Ein tiefer Abgrund machte jeden Abstieg unmöglich. Von unten herauf wehte – besonders, wenn eben die Sonne untergegangen war, nachdem sie den ganzen Tag auf die Felswand geschienen hatte – stark erwärmte Luft. Oben wurde es bald nach Sonnenuntergang kühl, aber die tief durchwärmten Felsmassen hielten die Wärme lange fest; und je kühler es auf der Kuppe war, umso heftiger strömte, mit starkem Sausen, die leichte heiße Felsenluft herauf. Wer nun dem Abgrund zu nahe kam, geriet in Gefahr, hinweggeweht zu werden. Deshalb ging niemand abends auf den Berg – zumal man vermutete, vor Jahren wäre ein kleines Mädchen in den Abgrund gestürzt. Es war einfach verschwunden. Die Dorfbewohner wussten nur, dass Elena am Abend in die Richtung zum dunklen Tannenwald gegangen war. Vergeblich hatten sie den Wald und den Felsengrund, zu dem man gelangte, wenn man um den Berg herumging, nach dem Kind abgesucht; es fand sich nicht die kleinste Spur.

Elena aber hatte einen Bruder, der damals drei Jahre alt war. Zehn Jahre nach jenem traurigen Tag erzählten seine Eltern Elias von dem geheimnisvollen Verschwinden seiner Schwester. Von Stund an dachte er an nichts anderes mehr und in ihm wuchs eine tiefe Sehnsucht nach Elena. An dem Tag, als sie siebzehn Jahre alt geworden wäre, war ihm, als müsste er am Abend unbedingt auf den Berg hinauf – um dort etwas ganz Besonderes zu erleben und vielleicht seine Schwester zu sehen …

Während die Sonne sich bereits neigte, eilte er erwartungsvoll auf jenem Weg durch den finstern Tann und kam, als die Sonne gerade unterging, auf dem Gipfel an. Schon hörte er das unheimliche Sausen vom Abgrund her. Er wusste, wie alle in der Gegend, um die Gefahr; deshalb legte er sich auf den Boden, und so schob er sich langsam bis zum Felsenrand. Als er vorsichtig in den Abgrund spähte, dämmerte es schon. Ein heißer Luftstrom fuhr ihm sausend ins Gesicht und er erschrak. Aber wie ihn dieser Wind in der Kühle der Bergeshöhe wärmte, war ihm das sehr angenehm. Elias rührte sich eine Weile nicht und sah hinab.

Auf halber Höhe der Felswand erblickte er einen flachen, etwas gewölbten Vorsprung, wohl vier Meter breit und zehn Meter lang, so dass dort bequem etliche Menschen Platz gefunden hätten. Wäre also seine Schwester wirklich hier herabgestürzt, dachte er bei sich, könnte sie ja gar nicht ganz in den Grund gefallen, sondern müsste doch auf diesem Vorsprung liegen geblieben sein. Aber noch niemals hatte er jemanden von diesem Vorsprung sprechen hören, das wunderte ihn. Wie Elias so grübelte, spürte er, dass sich dicht neben ihm etwas regte. Er blickte zur Seite und sah ein Reh. Das näherte sich dem Rand – und stürzte plötzlich ab. Doch kein Laut war zu hören, als es auf den Felsvorsprung fiel; zugleich schien dessen flache Wölbung zu verschwinden. Das Reh stand auf, und mit einem Mal war von dem Vorsprung nichts mehr zu sehen, als hätte er sich vom Rande aus zur Felswand hin rasch aufgerollt. Auch das Reh war nicht mehr da, und der Junge blickte nun ungehindert bis auf den Felsengrund. Bald darauf jedoch erschien der Vorsprung aufs Neue und rollte sich nach außen auf.

Das war gar kein Felsenvorsprung! Es musste etwas wie ein dunkler Teppich sein … Und schon zeigte es auch wieder die leichte Wölbung nach oben, die deutlich sichtbar gewesen war, ehe das Reh darauf fiel. Das Ganze musste tatsächlich ein Tuch oder ein Teppich sein und wurde durch die von unten dagegen strömende warme Luft nach oben gebläht. Doch konnte das alles von allein geschehen? Nein, dort musste jemand sein, der den Teppich wie eine riesige Falle ausrollte, um damit alles, was bei beginnender Dunkelheit von oben herabfiel, aufzufangen.

Es war spät geworden, klar erkennen ließ sich gar nichts mehr, nur der Teppich war wohl wieder verschwunden, denn Elias schien es, als sähe er jetzt wieder bis auf den tiefsten Grund. Das Sausen hatte aufgehört, die Felsen waren abgekühlt, die von unten nach oben strömende Luft war kaum noch spürbar und stellte keine Gefahr mehr dar.

Als er zurück zum Tannenwald ging, war es so finster, dass er nur mühsam den Weg fand und sich ein paar Mal

Das Zwergenvolk

heftig an den Bäumen stieß. Erst gegen Mitternacht kam Elias heim.

Seine Eltern hatten schon gefürchtet, nun auch den Sohn verloren zu haben. Gerade an diesem Tag waren sie beim Gedanken an ihre verschwundene Tochter, mit der sie so gern ihren Geburtstag gefeiert hätten, tieftraurig. Damals war ja das siebenjährige Mädchen zur selben Zeit ausgeblieben wie jetzt ihr dreizehnjähriger Sohn. Deshalb war ihre Angst umso größer – und nun die Freude über seine glückliche Wiederkehr.

Der Bruder aber dachte tagaus tagein an seine Schwester. Sie musste am Leben sein und wurde wohl von irgendeinem Menschen, der in einer Felsenhöhle hausen mochte, gefangen gehalten. Oder wohnte dort ein unterirdisches Wesen? Ein böses Ungeheuer, das da sein Unwesen trieb? Elias musste herausbekommen, was damals im Wald geschehen war, und Elena retten!

Nur seine Eltern durften nichts von seinem Vorhaben erfahren; denn aus lauter Sorge um ihn würden sie ihm verbieten, nach dem Schicksal der Schwester zu forschen. Deshalb sagte er ihnen nicht die Wahrheit, sondern erzählte, er wäre weit im Wald herumgelaufen und müde geworden; darum hätte er etwas ausruhen wollen und sei dabei eingeschlafen.

Als er zu Bett gegangen war, lag er lange wach und zerbrach sich den Kopf, wie er dorthin gelangen könnte, wo er Elena vermutete. Zuerst dachte er daran, hinabzuspringen, denn er wusste ja, dass dies ungefährlich war. Doch wie hätte er wieder hinaufkommen sollen? Allerlei wirre Gedanken kamen und gingen ... aber nichts davon schien wirklich ausführbar. Schließlich schlief er doch ein und wachte erst am nächsten Mittag auf – seine Mutter hatte ihn schlafen lassen, denn es war ein Sonntag und da musste Elias ja nicht zur Schule gehen.

Doch kaum hatte er den letzten Traumrest aus den Augen gerieben, dachte er wieder an Elena. In sich gekehrt brachte er den größten Teil des Tages zu, und den Eltern fiel auf, wie still und ernst ihr Sohn war, obwohl er sonst immer gern lachte und oft mit Nachbarskindern fröhlich draußen herumtollte.

Endlich fasste der Knabe einen Plan. Er würde eine Bohnenstange mitnehmen und sie so hinabwerfen, dass sie quer zum Felsen auf dem Teppich läge. Wollte sich dieser wie immer einrollen, sollte die lange Stange ihn daran hindern; und sicher träte dann jemand aus dem Felsen heraus, um nach dem Rechten zu sehen. So könnte er erfahren, wer da hauste, und dann nachdenken, was weiter zu tun sei. Doch halt! Wenn jemand die Stange fand, musste er nicht annehmen, dass sie von oben herabgeworfen worden war? Und würde er deshalb nicht sogleich hinaufschauen und ihn sehen? So ging es nicht. Er musste etwas hinabwerfen, das auch von allein hinunterfallen könnte. Vielleicht hatte ja der Sturm, der am Morgen wehte, oben auf dem Berge einen Ast abgebrochen? Fiele ein solcher auf die Falle, würde das unbekannte Wesen kaum argwöhnisch werden oder nach oben spähen.

Als nun der Tag zu Ende ging, machte Elias sich schnell auf den Weg. Er fand oben auf dem Berg, was er suchte. Als er aber in den Abgrund blickte, war der Teppich nicht da, und auch das Sausen war nicht zu hören. Den ganzen Tag über war der Himmel mit dichten Wolken bedeckt gewesen, die Sonne hatte nicht geschienen und die Felsen nicht erwärmt. Kein warmer Luftstrom war entstanden und niemand konnte in die Tiefe gezogen werden. Das wusste anscheinend das Felsenungeheuer auch und hatte darum den Teppich gar nicht erst ausgespannt.

Was nun? Bei Sturm war der Himmel meist bewölkt; konnte also ein abgebrochener Ast herabgeweht werden, war der Teppich nicht da! Wenn aber die Sonne schön schien und der Teppich gespannt wurde, ging nie ein so starker Wind, dass er einen langen Ast hätte hinabwehen können. Da kam dem Jungen die Idee, einen Ast so an den Rand zu legen, dass er weit über denselben hinausragte, aber gerade noch mit seinem schwereren Ende auf dem Felsen lag – dann könnte ihn ein kleiner Windstoß leicht bewegen oder die warme Luftströmung zöge ihn über den Rand.

»Wenn ich den Ast irgendwie hier oben befestige und er eine Zeitlang dort liegt, sieht ihn der Felsenbewohner sicherlich«, dachte Elias, »und nach ein paar Tagen gehe ich hin und werfe ihn runter. Das erweckt keinen Verdacht, weil er ja auch von selbst herabgefallen sein kann.« Er schleifte einen Ast zum Felsenrand und legte ihn so, dass man ihn von unten sehen musste. Dann wälzte er einen Stein darauf, damit dieser den Ast hielt, bis er an einem Sonnentage wieder hinaufkäme, um ihn hinunterzuwerfen. Nachdem er alles hergerichtet hatte, beeilte er sich und war noch vor Einbruch der Dunkelheit wieder daheim.

Es verging eine ganze Woche in banger Erwartung. Der Himmel blieb bedeckt und die Sonne wollte nicht scheinen. Endlich aber weckten ihn eines Morgens warme Sonnenstrahlen. Wie Elias sich freute! In der Schule war er unaufmerksam und der Lehrer tadelte ihn. Doch das berührte ihn nicht; sein Denken war nur auf den Ast und die Felswand gerichtet und auf die Frage, ob der Ast nicht etwa inzwischen von selber abgestürzt war.

Als der Unterricht endlich zu Ende war, sprang der Junge so behände den Berg hinauf, dass er oben ankam, noch ehe die Sonne untergegangen war. Und er freute sich sehr, als er seinen Ast noch am Rand liegen sah. Die Sonne hatte den Tag über warm geschienen und es sauste heftig den Grund herauf. Recht vorsichtig musste er zu Werke gehen, um nicht mitgerissen zu werden. Elias kroch zum Stein und liegend wälzte er diesen mühevoll fort. Als er damit fertig war, versank die Sonne eben hinter dem Horizont. Sofort wurde es kühl auf dem Berg, und es erhob sich ein furchtbares Brausen. Der Luftstrom war so stark, dass er den Ast plötzlich von selbst über den Rand kippen und in der Tiefe verschwinden ließ. Ob er nun richtig fiel? Elias lugte über den Felsenrand: Gerade war der Ast unten aufgeschlagen und zu seiner Freude lag er genauso da, wie er es insgeheim gehofft hatte. Der Teppich begann sich aufzurollen, verfing sich aber bald. Nun käme bestimmt jemand aus dem Felseninnern, um das Hindernis zu beseitigen. Schnell zog der Junge den Kopf zurück: falls der Felsenbewohner doch nach oben sehen sollte.

Plötzlich ertönte eine Stimme: »Da ist dieses Teufelsteil doch nicht oben geblieben! Rollt den Teppich wieder zurück und werft den Ast in den Felsengrund.« Der Späher sah zwei kleine Männer, die den Teppich noch einmal ganz und gar ausspannten, um dann den Ast hinabzuwerfen. Und es trat noch ein dritter Mann hinzu, ein wenig größer als die beiden ersten. Er sah aus, als ob er den anderen zu gebieten hätte, fast schien er ein König zu sein. »Es wohnt also ein Zwergenvolk im Felsen«, dachte Elias, »das macht mir keine Angst. Aber falls es viele sind, will ich doch lieber auf der Hut sein.«

Jetzt jedoch eilte er nach Hause. Unterwegs überlegte er, wie seine Rettungsaktion weitergehen könnte. Ihm fiel ein, dass auf dem Dachboden seines Elternhauses eine nie gebrauchte lange Wäscheleine lag. Die würde er sich holen und in Abständen Knoten hinein machen. Dann wollte er sie auf dem Berg unten am Stamm eines kleinen Baumes dicht am Felsrand anbinden, sie hinablassen und daran hinunterrutschen. Die Knoten würden ihm Halt an der Leine geben. Aber wann sollte er das wagen? Am Tag konnte man ihn sehen, abends war der Teppich gespannt und sicher stand mindestens ein Zwerg Wache und beobachtete, was herabfiel. Er musste also später kommen, wenn es zu dunkeln begonnen hatte und der Teppich schon eingerollt war. Dann passte sicher niemand mehr auf.

Er ließ einige Tage verstreichen, damit seine Eltern nicht misstrauisch würden. Zuerst wollte er wie immer ins Bett gehen und später heimlich wieder aufstehen, am besten in einer Vollmondnacht. Da war nun Geduld vonnöten, denn eben war Neumond gewesen, so dass er zwei Wochen warten musste.

Endlich kam eine helle, klare Mondnacht. Bald nach dem Abendessen war er zu Bett gegangen. Und als er hörte, dass auch die Eltern schlafen gingen, wartete er noch, bis sie eingeschlafen waren. Dann stand Elias auf, holte die lange Leine vom Boden und machte sich auf den Weg. Der Mond schien so hell durch die Tannen, dass der Waldweg gut zu erkennen war. Totenstille herrschte, nur manchmal rief ein Käuzchen, oder es lief irgendein Waldtier über den Weg. Es war ihm unheimlich zumute, aber er hielt an seinem Vorhaben fest: Er wollte die Felswand hinab und seine Schwester holen. Als er oben auf dem Berg aus dem Walde auf die Kuppe hinaustrat, war es dort noch immer so hell, als ob die Sonne eben erst untergegangen wäre. Fast wie am Tage sah alles aus. Das Sausen hatte bereits aufgehört und es war schon empfindlich kühl überall, nur von unten kam noch ein schwach wärmender Luftstrom den Felsen herauf.

Elias blickte hinab und sah beim hellen Mondschein, dass der Teppich nicht mehr gespannt war. Eilends band er die Leine an den Baum und ließ sich daran hinab. Sie reichte gerade so weit, wie er klettern musste. Es war ihm nicht wohl in seiner Haut, als er über den Felsenrand stieg. Doch als er an der Leine hing, merkte er, das Klettern war dank der Knoten gar nicht schwer, und er fasste wieder Mut.

Nach einer Weile gelangte er an jene Stelle, wo sonst der Teppich gewesen war. Er erblickte einen schmalen Felsspalt, der ins Innere des Felsens führte, und kroch hinein. Es folgte ein enger Gang. An dessen Anfang lag ein gewaltiger Felsblock, der – von Baumstämmen gestützt – lose auf einer spitzen Ecke stand. Er würde bestimmt zur Seite stürzen, wenn man auch nur einen Stamm entfernte. Dieser Felsblock befand sich in einem Seitenspalt, der so weit war, dass ein Mensch sich dort gerade noch hineinzwängen konnte. Auch der Fangteppich lag hier. Der Felsblock diente offenbar dazu, den Eingang zum Felsen zu versperren, falls dem Zwergenvolk von dorther eine Gefahr drohen sollte.

Nachdem Elias ein Stück gegangen war, nahm er einen Lichtschimmer wahr, und wenig später erreichte er eine riesige Höhle, die hell erleuchtet war. Eine ganze Stadt war darin aufgebaut, mit kleinen Häuschen, so wie sie für Zwerge sein müssten. Bloß ein einziger größerer Bau war dabei. Der stand in der Nähe des Höhleneingangs: Darin wohnte gewiss der Zwergenkönig selbst.

Unbemerkt schlich der Knabe dorthin, denn genau da vermutete er seine Schwester. Vor dem Hause lag ein Söller, darauf thronte der König mit seinem Hofstaat. Der hoffnungsvolle Retter versteckte sich unter dem Söller und hörte so, was man oben sprach.

Der König sagte: »Zehn Jahre lang bist du nun bei uns und nächstes Jahr wirst du einen meiner beiden Söhne heiraten. Du bist dann achtzehn Jahre alt, und wir hoffen sehr, dass bis dahin ein zweites Menschenmädchen herabgestürzt sein wird, das dann der andere Zwilling erhält. Beide sollen Menschenmädchen zur Frau bekommen. Denn seit Jahrhunderten heiratet der älteste Königssohn ein Menschenmädchen. Das ist bei uns Brauch, damit der König stets größer ist als seine Zwerge. Da wir aber nicht wissen, wer von meinen Söhnen der Erstgeborene ist, müssen beide zugleich heiraten. Wessen Frau zuerst einen Sohn zur Welt bringt, der soll später König werden. Fangen wir indes kein weiteres Menschenmädchen, musst du sterben. Meine Söhne würden sich sonst nicht einig werden, wer dich zur Frau nehmen soll, und könnten einander umbringen. Doch das darf nicht sein! Denn dann wäre ich kinderlos und der Königsthron nach mir verwaist. Darum musst du sterben, wenn kein anderes Menschenmädchen zu uns herabfällt.«

Der Zwergenkönig musste zu Elena gesprochen haben. Der Knabe wusste nun, in wie großer Gefahr sie schwebte und dass es höchste Zeit war, sie zu retten. Langsam kam eine weibliche Gestalt die Treppe vom Söller herab in den Garten. Man ließ seine Schwester unbewacht im Zwergenstaat umhergehen, weil man sicher war, dass sie niemals imstande wäre, die Höhle allein zu verlassen.

Elena schritt tief betrübt aus dem Garten hinaus und wandte sich dem Ausgangsspalt zu. Sie wusste wohl, dass draußen der Vollmond schien und in diesen Nächten der Blick aus dem Felsenspalt in die weite freie Landschaft ihre einsame Seele besänftigte. So wollte sie auch heute ihren Kummer stillen. Wie oft schon hatte sie dort, das Glitzern der Felsen im Mondschein bewundernd, ihre Zeit verbracht! Sehnsüchtig hatte sie sich an ihr Elternhaus erinnert, das noch immer deutlich und klar in ihren Gedanken stand.

Der Knabe folgte ihr leise. Niemand kümmerte sich um das Mädchen – sie beide waren allein in dem langen Gang. Der Bruder ließ seine Schwester vorangehen, damit sie ihn nicht zu früh bemerkte. Er fürchtete, der unerwartete Anblick möchte ihr leicht einen Ruf des Erstaunens entlocken, den die Zwerge hätten hören können. Als sie den Ausgang erreichten, war er mit wenigen Sätzen bei ihr und wisperte: »Elena, hab keine Angst und sei ganz still! Ich bin gekommen, dich zu holen.«

Sie erschrak bis ins Herz und wandte sich um. Voll Freude erblickte sie den Bruder, der nur als Dreijähriger in ihrem Erinnern lebte. Aber ebenso, wie er sie sogleich als seine Schwester erkannt hatte, konnte auch sie sich nichts anderes denken, als dass es Elias sein müsse, der gekommen sei, um sie zu retten. Unter Tränen schloss sie ihn in ihre Arme und herzte und küsste ihn. »Komm«, flüsterte er, »ehe uns jemand bemerkt. Sieh, dort die lange Knotenleine, daran bin ich herabgeklettert. Nun will ich schnell hinauf und du musst mir folgen, wenn ich oben bin. Ich helfe dir dann über den Felsenrand.«

So schnell es ging, kletterte Elias hinauf, doch Elena wurde es schwer, nach oben zu kommen. Die ungewohnte frische Luft betäubte sie fast. Schließlich war sie bis zum Rand gelangt; doch nie wäre es ihr möglich gewesen, nun noch aus eigener Kraft auf dem Felsen Fuß zu fassen, wenn ihr Elias nicht von oben die Hand gereicht hätte. Wie gut, dass er zuerst hinaufgeklettert war!

Die beiden durcheilten den Wald. Der Mond war eben untergegangen. Es war ganz finster geworden. Mitten im Walde fühlten sie plötzlich ein Zittern und Beben unter ihren Füßen und hörten kurz darauf ein donnerndes Grollen. Erschreckt blieben sie stehen. Elias fiel ein, dass er die Leine vergessen hatte. Jetzt war klar, was das Krachen bedeutete. Die Zwerge hatten das Mädchen in der Höhle vermisst. Und weil sie wussten, dass es bei Mondschein häufig in dem Spalt stand, hatten sie dort nach ihr gesucht und die Leine gefunden! Das Menschenmädchen musste befreit worden sein! Ihr Eingang war entdeckt und sie ahnten, dass nun die Menschen kämen, um Rache zu nehmen für all die Mädchen, die im Laufe der Jahre hinabgefallen und verschwunden waren. Darum hatten die Zwerge einen Stützbalken des Felsblocks entfernt, und der fiel vor den Spalt.

Im Morgengrauen kamen die Geschwister zu Hause an. Leise wollten sie zu den Eltern in die Schlafstube gehen. Doch Vater und Mutter waren schon auf und in Sorge, weil sie den Knaben nicht fanden. Wie groß war ihr Jubel, als er jetzt mit der Schwester zusammen zu ihnen ins Zimmer trat. Sie erkannten Elena gleich, und des Umarmens und Küssens war lange kein Ende.

Dann berichtete Elias alles, was in der letzten Zeit vorgefallen war, und Elena erzählte, wie es ihr bei den Zwergen ergangen war. Bis sie zuletzt erfuhr, was für ein Schicksal ihr drohte, hatte es ihr in der Höhle an nichts – außer der Heimat, den Eltern und dem Bruder – gefehlt. Die Rettung kam gerade zur rechten Zeit!

Als die Dorfbewohner nun jedoch das Zwergenvolk strafen wollten, konnte niemand in den Spalt hinein, denn der riesige Felsblock lag unverrückbar davor – und ob die Zwerge vielleicht noch heute im Felsen hausen, weiß niemand. Die Bauern und Häusler des Dorfes und der ganzen Gegend aber waren sehr froh, dass sie keine Angst mehr um ihre Kinder zu haben brauchten.

Und wenn sie noch leben ... ja, dann ... genießen sie bis heute ihr Glück.

Marie hatte atemlos zugehört und dachte darüber nach, ob es solche bösen Zwerge wohl immer noch irgendwo auf der Welt, vielleicht sogar unter dem Felsgestein des Galgenbergs, gab. Einmal nämlich hatte sie, als sie mit der Mutter durch die Stadt ging, erstaunt gerufen: »Guck mal, da geht ein Zwerg!« Aber die Antwort der Mutter hieß: »Nein, Marie, das ist ein Mensch, der bloß nicht größer gewachsen ist. Zwerge gibt es nur im Märchen.«

Im darauffolgenden Jahr lag das Osterfest sehr spät. Es war zwar schon vorüber, als der Großvater nach Halle kam,

Halle, Markt

aber hier und da sah man noch gefärbte oder bemalte Eier in einem Vorgarten hängen. Das erinnerte Marie an die bunten Fähnchen, die im Sommer in den aufgehäuften Wällen mancher Strandburgen auf der Insel steckten.

Das Kind legte seine kleine Hand in Großvaters große, und so gingen sie über den Rannischen Platz und den Franckeplatz, am Eselsbrunnen vorbei bis zum Markt. Während sie warteten, sagte der Großvater nachdenklich: »Vor dem Krieg, als der Rote Turm noch seine prächtige Spitze hatte, muss der ganze Marktplatz noch viel schöner gewesen sein.« Doch ehe Marie fragen konnte, wo die Spitze denn geblieben sei, kam ihre Straßenbahn. Und da es ihr wie immer wichtig war, einen Fensterplatz zu bekommen, vergaß sie ihre Frage. – »Zweimal Umsteiger bitte, für 20 Pfennige«, sagte der Großvater zum Schaffner, der ein blinkendes und klapperndes Geldwechselgerät vor der Brust trug. Dann schlängelte sich die Bahn quietschend durch die Leipziger Straße zum Riebeckplatz, wo es damals noch ein Rondell mit einer grünen Wiese und schönen großen Blutbuchen gab. Sie stiegen um in die Linie 4 und fuhren bis Ammendorf, weit im Südosten der Stadt.

Hinter den letzten Häusern lagen die Saaleauen. Sie kamen durch das Dorf Beesen, dessen dicken Kirchturm sie schon von weitem gesehen hatten, dann im großen Bogen bis nach Wörmlitz. Früher mal ein selbständiges Dorf, südwestlich von Halle gelegen, war der Flecken irgendwann eingemeindet worden. Die Häuser hatten nach wie vor gar nichts Städtisches an sich, wie sie so malerisch zwischen Kirchlein und Fluss hockten. Manchen sah man noch an, dass sie einmal wohlhabenden Bauern gehört haben mussten, andere wirkten ärmlich und bescheiden. Fast alle waren von Gärten umgeben, und in manchen Sträuchern leuchteten die bunten Ostereier mit den letzten gelben Osterglocken und blauen Bergmännchen und mit den ersten rosaroten Tulpen um die Wette.

»Kennst du eigentlich die Geschichte von den Osterfröschen?«, fragte der Großvater. »Nein«, sagte Marie, »aber wahrscheinlich gibt es ja in Wirklichkeit nicht mal den Osterhasen – wie soll es da Osterfrösche geben?« – »Dann lass dich überraschen! Komm, da unten am Wasser steht eine Bank.« Der Großvater wischte das alte Holz mit seinem Taschentuch ab und sie setzten sich. Weil aber gegenüber ein Saalewehr rauschte, musste er ein wenig lauter reden und lesen als sonst. Bedächtig legte er sich seine Segeltuchtasche auf den Schoß, kramte Buch und Kneifer heraus und begann:

Osterfrösche

Da war mal ein Osterhase, der saß mitten auf der schönen grünen Wiese, die zwischen dem Dorf und dem Waldrand lag. Neben ihm stand eine Weidenkiepe, die war schon halbvoll mit bunten Ostereiern. Gerade beugte er sich über ein besonders großes Ei, um es hübsch bunt zu bemalen – da kamen zwei kleine braune Frösche angehopst. Sie setzten sich neugierig vor ihn hin, quakten leise und schauten ihm zu. Bald aber hüpften sie, um besser sehen zu können, dem Osterhasen auf die Schultern. Dem gefiel das ganz und gar nicht, denn es störte ihn bei der Arbeit. Deshalb schüttelte er die Frösche, ohne ein Wort zu sagen, einfach ab. Die indes ließen sich nicht verscheuchen. Sie wollten doch gar zu gern sehen, wie die Eier bemalt wurden, und sie sprangen wieder hinauf.

Jetzt wurde der Osterhase aber ärgerlich: »Ihr aufdringliches Pack, schert euch endlich davon, ich will hier in Ruhe meiner Arbeit nachgehen!« Doch die Frösche nahmen das nicht ernst und riefen frech: »Wer seine Sache gut versteht, den kann es überhaupt nicht stören, wenn wir dabei zusehen!« Und man mag es glauben oder nicht: Nun sprangen diese Quälgeister dem Hasen sogar auf den Kopf und hielten sich an seiner Brille fest. Das war wirklich zuviel! Sehr böse wurde der Osterhase auf die beiden Störenfriede. Er griff sich die zwei und steckte jeden in eins von den noch offenen Ostereiern, die er eigentlich mit Süßigkeiten füllen wollte, und machte sie schnell zu. Die Frösche waren gefangen und konnten ihn nicht mehr stören. Zufrieden legte der Osterhase die Eier neben sich ins Gras, denn sie sollten natürlich nicht in den Korb geraten zu den anderen.

Noch viele Eier malte er mit roter, grüner, blauer oder gelber Farbe an; mit Pünktchen, Blümchen, Streifen, Schleifen oder Schlangenlinien; manche füllte er, andere nicht; manche sahen genauso aus wie die mit den Fröschen, andere ganz anders. Aber weil er nicht mehr der Jüngste war, vielleicht auch, weil ihn der Ärger durcheinandergebracht hatte, passte er nicht so genau auf, wie er es sonst immer tat: Mal legte er die fertigen Eier in den Korb, mal neben sich auf die Wiese – am Ende wusste er nicht mehr, welche die Eier mit den Fröschen waren! Und da er sie nun nicht mehr von den übrigen unterscheiden konnte und keine Zeit mehr hatte, alle noch einmal zu überprüfen, mussten sie doch mit in den Korb.

Eilig schwang er sich die Kiepe auf den Rücken und machte sich auf den Weg zu den Kindern. Er hoffte sehr, dass die beiden Froscheier wenigstens zu zwei sehr ungezogenen Kindern kämen. Und so geschah es: Zwei ziemlich bösen Buben brachte der Osterhase diese Eier und versteckte sie im Kinderzimmer hinter der Spielzeugtruhe und im Schubfach mit den Ankerbausteinen. Als Pepe und Paul die Eier am Ostermorgen gefunden hatten, freuten sie sich sehr, weil sie so groß waren und legten sie nebeneinander mitten auf den Tisch. Dann gingen sie in die Küche zum Frühstück und gaben sich ausnahmsweise einmal Mühe, recht lieb zu sein. Doch kaum waren sie fertig mit essen und in ihr Zimmer zurückgegangen, hatten sie ihren guten Vorsatz vergessen. Sie wussten gar nicht warum, aber erst wollten beide das blaue Ei haben, dann beide das rote. Wie schon so oft, brach sich bald die pure Streitlust Bahn, und es dauerte nicht lange, da fielen Pepe und Paul übereinander her und prügelten sich wie eh und je.

Die Frösche aber, die nicht wussten, was für ein Lärm das war, kriegten es mit der Angst zu tun. Sie wollten endlich raus aus ihrem Gefängnis und zappelten solange herum, bis die Eier von Tisch rollten und auf den Dielen in hundert Stücke zersprangen. Doch Pepe und Paul mochten keine Frösche, und in ihrem Zimmer schon gar nicht! So schnell sie konnten, stürzten sie die Treppe hinunter und aus dem Haus heraus, die Frösche hüpften hinterher.

Die Jungen waren schnell verschwunden, die Frösche mussten an der Gartentür verschnaufen. Denn von dem langen Aufenthalt in den Eiern, wo sie ja nichts zu fressen hatten, waren sie doch sehr hungrig geworden. Und mit Freuden entdeckten sie die fetten Fliegen, die sich unter den wärmenden Sonnenstrahlen an den Zaunpfosten tummelten. Einer rechts und einer links, fraßen sie alle, die nicht rasch genug davonflogen, auf. Dann waren sie dicknudelsatt und setzten sich in den schattigen Hausflur, um ein wenig zu verschnaufen, ehe sie in aller Ruhe den Weg zu ihrer Heimatwiese suchen wollten.

Nach einer Weile kehrten Pepe und Paul zurück und meinten, dass die Frösche nicht mehr da sein würden. Trotzdem kamen sie nur langsam durch die Haustür hinein und schauten sich vorsichtig um. Da draußen die Sonne hell schien, konnten sie drinnen im Dämmerlicht gar nichts sehen. Um sicher zu gehen, beugten sie sich nieder und versuchten, in alle Ecken zu spähen, dabei schritten sie ahnungslos jeder auf einen Frosch zu. Ja, was sollten die nun davon halten? Die Jungs konnten nur böse Absichten haben! Vielleicht wollten sie ihnen sogar die Beine ausreißen – davon hatte man schon gehört. Vor lauter Angst sprangen sie Pepe und Paul in die blonden Locken und hielten sich dort fest.

Entsetzt fuhren die Jungen herum, und als sie niemanden sahen, in Windeseile wieder aus dem Haus heraus. Schreiend liefen sie die Straße entlang und riefen: »Zu Hilfe, zu Hilfe! Böse Geister reißen uns die Haare aus!« Und sie rannten, so schnell sie konnten, immer geradeaus. Aber je schneller sie rannten, desto mehr klammerten sich die Frösche fest.

Die Leute jedoch, denen sie begegneten, hatten keine Ahnung, was mit den beiden los war, denn sie sahen ja die Frösche nicht. Es schien ihnen, als hätten Pepe und Paul den Verstand verloren – man müsste sie also schleunigst einfangen und zu ihren Eltern bringen!

Osterfrösche

Als erster lief der Bäckermeister hinterher, der hielt noch eine Brezel in der Hand, die er eigentlich ins Schaufenster legen wollte. Dann sprang der Schuster auf, mit einem halbfertigen Schuh auf dem Leisten. Der Gemüsehändler eilte aus dem Laden, und seine Kundin, der er eben zwei Gurken verkauft hatte, kam ebenfalls hinterher, denn sie musste die Gurken noch bezahlen. Der nächste war der dicke Metzger, dem hing eine Bockwurstkette um den Hals – und weiß der Kuckuck, wer sich noch alles dieser wilden Jagd anschloss. Der letzte jedenfalls war der Küster mit dem Gesangbuch unterm Arm, der glaubte, die ganze Gemeinde sei vom Teufel besessen.

Pepe und Paul aber liefen und liefen – bis sie am anderen Ende des Dorfes an einen kleinen Weiher kamen. Da sprangen sie kopfüber hinein und alle Verfolger hinterher. Nur der Küster blieb stehen, weil er das Gesangbuch nicht nass machen wollte. Pepe und Paul hatten gehofft, dass hier die bösen Geister ertrinken würden, die Frösche aber waren heilfroh, endlich wieder in ihrem Element zu sein und paddelten laut quakend davon.

Als die Jungen merkten, dass niemand mehr an ihren Haaren zog, kletterten sie auf der anderen Seite das flache Teichufer hinauf, und der Bäckermeister und der Schuster, der Gemüsehändler und seine Kundin, der Metzger und all die anderen taten es ihnen gleich. Der Küster schließlich schritt mit seinem Gesangbuch der ganzen Gesellschaft voran und stimmte ein Loblied an. Für ihn stand außer Zweifel, dass – Gott sei Dank! – das kalte Weiherwasser allen Dorfbewohnern den Teufel ausgetrieben habe.

Sie zogen zurück in ihr Dorf, trockneten sich ab und gingen wieder ihren Alltagsgeschäften nach. Auch Pepe und

Paul spazierten langsam und in Gedanken versunken nach Hause. Von Stund an gingen sie friedlich und freundlich miteinander um – und wenn doch einmal einer von beiden in die alte Streitlust verfallen wollte, erinnerte der andere ihn gleich an die Osterfrösche und an die Angst, die sie gemeinsam ausgestanden hatten.

Und wenn sie noch leben ... ja, dann ... genießen sie bis heute ihr Glück.

Marie hatte zwar gut zugehört, aber zugleich hatte sie die ganze Zeit auf die tanzenden Sonnenstrahlen über dem schäumenden Wasserdunst am Wehr geschaut. Wie die Wellen sich brachen, konnte man von hier aus nicht sehen, denn das Wehr war auf der anderen Seite, wo ein Flussarm abzweigte und eine spitze kleine Landzunge ins Wasser ragte. Ebenso wie sie beide hier, saßen dort Leute auf einer Bank und freuten sich über den Frühling.

»Wollen wir mal da drüben spazieren gehen?«, fragte Marie. »Das können wir gern tun«, entgegnete der Großvater, »aber heute wird das nichts mehr. Wir können es uns für morgen vornehmen, falls sich das Wetter hält und wenn so früh im Jahr die Fähre schon fährt. Denn was du vor dir siehst, das ist eine Insel.«

Als es am nächsten Morgen anfing hell zu werden, so gegen sechs, hielt es Marie nicht mehr im Bett. Mit einem Satz sprang sie auf und ans Fenster. Ja! Es würde bestimmt ein wunderschöner Tag werden. In dem schmalen Spalt zwischen zwei grauen Häusern stieg gerade jetzt die Sonne

Abschied der Arche

auf. Marie wollte den Großvater wecken, aber der war schon wach und freute sich wie sie über das Wetter. Gleich nach dem Frühstück gingen sie los. Weil es ein Sonntagmorgen war, fuhren die Straßenbahnen nur selten, und sie gingen frohgemut zu Fuß. Mit der Bahn wären sie sowieso nicht weiter gekommen als bis zur Schule kurz vor der Hafenbahn, damals die Endhaltestelle der Linie 8. Danach wanderten sie noch eine gute halbe Stunde immer geradeaus gen Süden, bis sie das frühere Fischerdorf Böllberg erreichten und die Anlegestelle der Saalefähre fanden. Der Fährmann war schon da, musste er doch jeden Morgen vor der ersten Überfahrt die Fähre rüsten. Holzbänke und Reling hatte er blitzsauber gewischt, jetzt zog er das Stahlseil vom Flussgrund herauf und seine Frau stellte am Ufer das rote Schild mit dem weißen Querbalken auf. Das bedeutete für alle anderen Schiffe: Die Wasserstraße ist gesperrt. Marie und der Großvater durften gleich einsteigen. Der Fährmann zog seine Taschenuhr heraus und guckte, wie spät es war. Dann sagte er: »Es dauert noch ein Weilchen. Um zehn fahre ich ab, und die Gaststätte macht vorher sowieso nicht auf.« Sie ließen sich zu dritt von der Morgensonne bescheinen und guckten den Enten zu, die sich in der Saale tummelten. Bald kamen noch mehr Leute: ein altes Ehepaar, ein junges Pärchen mit einem Korbkinderwagen, aus dem es lustig krähte, ein Vater mit zwei kleinen Jungs, die sahen aus wie Zwillinge, und eine Schar Mädchen, die immerzu was wisperten und kicherten. Der Fährmann kassierte pro Person und für den Kinderwagen samt Baby je zehn Pfennige für die Überfahrt. Um das Fährboot an dem starken Stahlseil hinüberzuziehen, benutzte er einen alten abgewetzten

Lederhandschuh. Es dauerte keine fünf Minuten, da kamen sie am anderen Ufer an. Das Forsthaus an der Anlegestelle war noch geschlossen. Doch nach rechts war es nicht weit bis zu Leonhardts Restauration, und die meisten Fährgäste schlugen diese Richtung ein. Marie und der Großvater aber wandten sich nach links und waren bald am Wehr, das sie am Vortag von Wörmlitz aus gesehen hatten.

Es schien ihnen, als ob es noch lauter rauschte als gestern. Man musste fast schreien, um zu verstehen, was der andere sagte. Und wenn man unverwandt ins quirlige Wasser schaute, wurde einem ganz schwindelig. Die Bank war leider schon besetzt. Die drauf saßen, hatten sicher den großen Umweg über die Hafenbahnbrücke genommen – oder waren sie schon seit gestern hier? Marie und der Großvater gingen weiter bis zur nächsten Bank. Dort war es ruhiger und sie ließen sich nieder.

Der Großvater packte das Märchenbuch aus, putzte die Gläser des Kneifers mit seinem rotweißkarierten Taschentuch blank und blätterte ein bisschen hin und her, bis er das gesuchte Märchen entdeckte:

Das Felseneiland

Da war mal mitten im Meer ein kleines Felseneiland, da wohnten nur ein Mann und seine Frau mit ihrem einzigen Kind, ihrer eben erwachsenen Tochter Elisa. In der Mitte der Insel gab es gerade so viel Ackerland, um das und nicht mehr anzubauen, was die drei Menschen zum Leben brauchten. Außerdem war eine kleine Weide da, auf der ihre Kuh genug

Nahrung fand, um sie das ganze Jahr über reichlich mit Milch zu versorgen.

Alle Jubeljahre nur betrat ein fremder Fuß die Insel, und Elisa hatte noch niemals im Leben ihre Heimat verlassen. Sie hatte nicht die geringste Vorstellung davon, wie es sonst auf der Welt aussah. Die wirklich sehr seltenen Besucher aber hatten im Lauf der Zeit die Kunde von Elisas beispielloser Schönheit im Lande verbreitet. Und bald bekam die Familie immer öfter Besuch. Meist in kleinen Booten kamen junge Männer, die hofften auf die Gunst des schönen Mädchens und wollten sie zur Frau. Anfangs wies Elisa alle ab. Sie wolle für immer bei ihren Eltern bleiben, sagte sie ihnen, und die Insel sei ja so klein, dass sie keinen Platz böte für einen vierten Menschen.

Wie aber die Jahre vergingen und Elisa nun wirklich kein Kind mehr war, erwachte unversehens eine Sehnsucht in ihr, und sie sah manchen der Jünglinge mit anderen Augen an. Wenn aber der junge Mann bei Elisas Eltern um ihre Hand anhielt, schickten diese einen nach dem anderen weg. Sie liebten Elisa sehr und konnten den Gedanken, sich von ihrem Kind zu trennen, nicht ertragen. Schließlich wurde Elisas Wunsch nach einem Mann und einer eigenen Familie so stark, dass sie ihre Eltern inständig bat, ihr Einverständnis zu geben, wenn das nächste Mal einer käme, der ihr selber und auch ihnen gefiele.

Scheinbar endlich nachgebend, sprach der Vater zu ihr: »Mein Kind, du darfst dem Manne angehören, dem es gelingt, schwimmend unser Eiland zu erreichen und der ohne fremde Hilfe aus dem Wasser heraus die Felsen erklimmt.« Da war Elisa glücklich und verzweifelt zugleich – wusste sie doch, dass diese Bedingung nahezu unmöglich zu erfüllen war. Aber so sehr sie auch in ihren Vater drang, er bestand auf seiner Forderung. Denn er glaubte so zu verhindern, dass Elisa jemals die Insel verließ. Der Mutter aber tat das Mädchen leid. So gern auch sie Elisa für immer bei sich behalten hätte, wollte sie doch ihre einzige Tochter nicht unglücklich sehen.

In der Folgezeit versuchten viele ihr Glück, doch alle vergebens. Manche merkten auf halbem Weg, dass ihre Kräfte sie vorzeitig verlassen würden, und kehrten um. Andere kamen zwar bis zur Insel, fanden aber dann keine Stelle, an der es möglich gewesen wäre, ohne fremde Hilfe die Felsen zu bezwingen. Und nicht selten geschah es, dass ihre Kraft für den Rückweg nicht mehr reichte und sie im wilden Meer ertranken.

Elisa wurde immer trauriger – weil immer wieder Bewerber so elend sterben mussten und weil sie wohl doch ihr Leben lang allein mit ihren Eltern auf dem Eiland bleiben sollte. Zu ihrer Mutter sagte sie: »Ich mag es nicht länger mit ansehen, wie viele Jünglinge meinetwegen den Tod in den Wellen finden. Lieber heirate ich nie, wenn der Vater von seiner Bedingung nicht absehen will.« Mutter und Tochter sorgten dafür, dass dieser Verzicht bekannt wurde, damit endlich niemand mehr vergeblich sein Leben aufs Spiel setzen möge.

Nun kam nur noch selten jemand schwimmend beim Felseneiland an und suchte einen Weg nach oben. Aber zuweilen geschah es doch, denn nicht nur Elisas Verzicht war bekannt, sondern auch, warum sie ihn ausgesprochen hatte und dass derjenige, der die väterliche Bedingung erfüllte, nicht zurückgewiesen werden würde.

Das Felseneiland

Was aber niemand mehr wusste, denn es war viel zu lange her, war, dass dieses Felseneiland nicht immer so abgeschieden von der Welt gewesen war. In grauer Vorzeit hatte es hier eine große und schöne Insel gegeben, auf der sich das jetzige Eiland als einsames Felsmassiv erhob. Nicht weit davon lag eine große wohlhabende Stadt. Stadt und Land wurden beherrscht von einem alten mächtigen Fürstengeschlecht. Und es geht die Sage, noch heute läge diese Stadt unzerstört auf dem Meeresgrund.

Ein böser Zauberer hatte sie verwünscht und mit der ganzen Insel ins Meer versinken lassen – nur der hohe Felsen ragt seither als Eiland aus dem Wasser hervor. Die Menschen aber, die in der Stadt und auf dem untergegangenen Land wohnten, ließ der Zauberer nicht ertrinken. Sie durften als Fischmenschen weiterleben: Ihr Oberkörper blieb wie er war, doch vom Gürtel abwärts liefen sie in einen Fischschwanz aus. Das gleiche Schicksal traf das Fürstengeschlecht, das bis heute die einstige Stadt und sein versunkenes Land auf dem Meeresgrund regiert.

Wie die Bewohner der Oberwelt hatten die Fischmenschen von Elisas Schönheit und den harten Bedingungen des Vaters gehört, und wie diese bedauerten sie jene unglücklichen Jünglinge, die bei ihren vergeblichen Bemühungen ihr Leben verloren.

Auch dem ältesten Sohn des untermeerischen Fürsten war die Geschichte zu Ohren gekommen. Und seither dachte er an nichts anderes mehr als daran, die Bedingung zu erfüllen und Elisa als seine Frau heimzuführen. Der Prinz wollte sein Glück versuchen. Den Gedanken an seine Halb-Mensch-halb-Fisch-Natur, die es doch recht unwahrscheinlich machte, dass Elisa ihm als Fischmenschenweib folgen würde, drängte er einstweilen beiseite.

Zunächst erkundete Carolus die Felseninsel vom Wasser her. Mehrmals schwamm er um sie herum, immer auf der Suche nach einer Stelle, von der aus es ihm möglich wäre, auf das Eiland zu gelangen. Mit einem Male sah er einen tiefen schmalen Felsenspalt, den wohl vor ihm noch niemand entdeckt hatte, und er überlegte: »Da werde ich hinaufkommen können. Ich muss nur viele kleine Bretter zwischen die Felswände klemmen, immer eins über das andere, bis oben hin. Niemand wird mich hier beobachten, so dass ich ohne Hast alles vorbereiten kann.«

Frohen Mutes schwamm er in das väterliche Schloss in der Stadt auf dem Meeresgrund zurück. Alle Tage aber kam er wieder und brachte jedesmal ein paar Brettchen mit, die er in die Spalte schob. So entstand nach und nach in der engen Schlucht eine Treppe, die täglich höher hinaufwuchs. Als diese fertig war, zog er sich mit seinen starken Armen von Stufe zu Stufe daran hinauf und gelangte bald bis über den Felsenrand.

Oben angekommen, blickte sich der Mann aus dem Meer neugierig und suchend um. Gar nicht weit von ihm saß die schöne Elisa auf einer Bank und nähte. Sie war so beschäftigt, dass sie ihn nicht bemerkte. Da sich Carolus mit seinem halben Fischleib nicht wie andere Menschen bewegen konnte, war er ein wenig ratlos. Würde er sich mühsam zu ihr hinschleppen, bekäme sie gewiss einen Schreck und liefe vielleicht sogar davon. Er musste sich also zur Hälfte verbergen und sie irgendwie veranlassen, zu ihm zu kommen, wenn er mit ihr sprechen wollte. Er robbte zu einem nahegelegenen

Heuhaufen und bedeckte seine Fischhälfte sorgsam mit duftendem Heu. Dann rief er ihr zu: »Elisa, ängstige dich nicht! Ich heiße Carolus, und es ist mir gelungen, eure Insel schwimmend zu erreichen und ohne fremde Hilfe den Felsen zu erklimmen. Jetzt aber bin ich von der großen Anstrengung so erschöpft, dass ich nicht einmal mehr die wenigen Schritte bis zu deiner Bank gehen kann.«

Das Mädchen erschrak bis ins Innerste, als sie den jungen Mann rufen hörte. Längst hatte sie die Hoffnung aufgegeben, dass jemals jemand käme, dem es gelänge, die Bedingung ihres Vaters zu erfüllen. Elisa sprang auf, die Näharbeit fiel ins Gras, und mit klopfendem Herzen eilte sie zu dem Fischmenschenprinzen hin. »Wie war das nur möglich, dass du hier heraufgekommen bist? Das ist all die Zeit noch niemandem geglückt.« – »Setz dich zu mir ins Heu«, schlug Carolus vor, »dann will ich dir alles erzählen.«

Und bald wusste Elisa, wie sich alles zugetragen hatte, und erfuhr vom Schicksal der Stadt auf dem Meeresgrund und ihrer Bewohner. Und auch, dass Carolus gekommen sei, um sie als seine Frau heimzuführen, sagte er ihr. Doch so sehr ihr der Prinz gefiel, es schien ihr doch unmöglich, ihm in seine Wasserheimat zu folgen. »Ach, lieber Carolus«, klagte sie, »wie könnte ich dich in dein Reich begleiten? Ich würde elend ertrinken, weil kein Mensch im Wasser leben kann.« Er antwortete ihr: »So, wie du bist, kannst du wirklich nicht mit mir gehen. Wenn du meine Frau sein willst, musst du darauf verzichten, ein richtiger Mensch zu bleiben. Du musst wie ich ein Fischmensch werden.«

Da wurde Elisa tieftraurig: Ihre menschliche Gestalt aufzugeben, schien ihr zuviel verlangt. Und weil sie nicht wusste, ob sie dem Prinzen nun Ja oder Nein sagen sollte, bat sie ihn um Bedenkzeit. Sie wolle erst mit ihrer Mutter sprechen und diese fragen, was sie ihr riete. Carolus bat: »Hol deine Mutter hierher, damit auch ich mit ihr reden kann.«

Elisa lief fort und ging heimlich zur Mutter, denn der Vater sollte noch nichts merken. Aber selbst zur Mutter sagte sie nichts weiter als: »Komm, liebe Mutter, lass uns zu dem letzten Heuhaufen auf der Wiese gehen, dort will ich dir etwas zeigen!« – »Was soll denn dort sein, du bist ja ganz aufgeregt«, wunderte sich die Mutter. Das Mädchen aber zog sie mit sich fort und sagte: »Komm nur, komm! Wenn wir erst dort sind, habe ich dir viel zu sagen.«

Aber kaum hatte die Mutter Carolus entdeckt, da dachte sie sogleich, das könne keinesfalls mit rechten Dingen zugegangen sein. Und ihr fiel ein, was sie in ihrer Jugend von der versunkenen Stadt auf dem Meeresgrund gehört hatte. Mit einem Mal stieg eine dunkle Furcht in ihr auf. Indessen waren sie bei dem Heuhaufen angekommen, und aus den Erzählungen der beiden entnahm die Mutter bald, dass ihre Ahnung sie nicht getrogen hatte. Doch auch ihr gefiel der Prinz mit seinem freundlichen Wesen, und so sprach sie zu ihrer Tochter. »Elisa, wenn du glaubst, dass du Carolus von ganzem Herzen lieben willst und kannst, dann wirst du bereit sein, ihm zu folgen – sogar wenn du dafür deine menschliche Gestalt opfern musst. So schwer es mir fällt, ich halte dich nicht zurück. Aber was wird der Vater sagen? Gegen seinen Willen darfst du nicht handeln, und ich bin sicher, er hat bei seiner Bedingung nur einen richtigen Menschen im Sinn gehabt.« – »Das hat er aber nicht gesagt«, entgegnete Carolus, »und deshalb darf er sich jetzt nicht sträuben. Ich habe alles getan, was er forderte.« – »Das ist wohl richtig«, sagte die Mutter, »dennoch müssen wir ihn fragen, denn Elisa ist unser einziges Kind. Wenn sie uns verlässt, bleiben wir beiden Alten ganz allein. Ich werde ihn holen.«

Bald kamen die Eltern zurück. Der Vater hörte sich schweigend alles an und musste zugeben, dass er nicht das Recht habe, gegenüber dem Wasserprinzen sein Wort zu brechen. Trotzdem wollte er nicht, dass sein Kind zu einer Fischfrau würde. »Ich lasse das nicht zu«, rief er aus, »Elisa muss bleiben wie sie ist. Kann sie dir so nicht folgen, verzichte auf sie!«

Carolus aber hatte Elisas Herz bereits ganz und gar für sich eingenommen, so dass sie zum ersten Mal im Leben ihrem Vater widersprach: »Wie mein Körper aussehen soll, das will ich selbst bestimmen. Und weil ich Carolus liebgewonnen habe, opfere ich, wenn es nicht anders geht, ihm zuliebe meine Menschengestalt.« Und ehe jemand etwas erwidern konnte, reichte sie dem Prinzen die Hand.

Im selben Augenblick schäumte das Meer hoch auf, wilde Wellen schlugen zischend und brausend an das Felseneiland. Obgleich es Mittagszeit war, wurde der Himmel schwarz und tiefe Nacht hüllte die Insel ein. Doch schon bald löste sich die Dunkelheit wieder auf. Aber o Wunder! Wo eben noch das Meer gewesen war, sah man ein weites Land ausgebreitet, in der Ferne leuchtete eine weiße Stadt mit hohen Häusern, Kirchtürmen und einem Schloss. Und als es die vier noch gar nicht richtig fassen konnten und sich verwundert ansahen, da stand Carolus mit einem Mal vor ihnen als ein richtiger Mensch von Kopf bis Fuß. Er wandte sich an Elisa und sprach: »Weil du aus Liebe zu mir willens warst, deinen Menschenleib aufzugeben, ist endlich der Zauber von unserem Fürstentum gewichen. Schon mancher junge Mann aus der Stadt auf dem Meeresgrund hat nach einem Mädchen gesucht, das ihn so sehr liebt – aber bis heute hat keiner eines gefunden. Es durfte ja auch nie ein Fischmann, der den Zauber brechen wollte, vorher davon erzählen. Nur ein Mädchen wie du, das ganz selbstlos seinem Geliebten folgen und dafür zur Fischfrau werden wollte, hatte die Macht, uns zu befreien. Du warst bereit, das für mich und für unsere Liebe zu tun, und hast uns alle erlöst. Du wirst meine Gemahlin und später an meiner Seite die Fürstin des Reiches sein.«

Nun hatte auch Elisas Vater keinen Grund mehr, dem Prinzen seine Tochter nicht zur Frau zu geben. Carolus führte Elisa in die Stadt und ins Schloss seiner Eltern, die wie alle übrigen Stadtbewohner überglücklich waren und die schöne und herzensgute Schwiegertochter mit Freuden begrüßten. Noch im selben Sommer wurde eine Hochzeit ausgerichtet, so prächtig wie seit hundert Jahren keine mehr war. Alle Untertanen waren froh, dass sie wieder wie andere Menschen tanzen konnten. Sie feierten hundert Tage lang, ließen das junge Paar hochleben und freuten sich sehr.

Und wenn sie noch leben … ja, dann … genießen sie bis heute ihr Glück.

»Das war ein schönes Märchen«, strahlte Marie, »so lieb haben sich die beiden gehabt! Und stell dir das mal vor: Sie haben hundert Tage lang gefeiert! Kann man überhaupt so viel essen und trinken und so lange wach bleiben?« Der Großvater lächelte. »Bestimmt haben sie auch geschlafen zwischendurch und miteinander geredet, gesungen oder getanzt. Ich vermute, am Ende durften sogar die mitfeiern, die das Festessen gekocht und gebraten und gebacken haben ... Und jetzt haben wir soviel davon gesprochen, dass ich richtigen Hunger bekommen habe. Du etwa nicht?« – »Doch, ich auch«, rief Marie, »und Durst außerdem!«

Sie nahmen den kürzesten Weg quer über die Insel – damals durfte man noch auf allen Wegen gehen, jetzt ist das im Inselinnern verboten, damit die Rabeninseltiere ihre Ruhe haben – zu »Leonhardts«, wo es für hungrige und durstige Wanderer billige Fassbrause, Bockwurst und Brötchen gab.

Im Jahr darauf hatten die zwei kein Glück mit dem Wetter. Es war kühl und windig und regnete viel. Meist blieben sie zu Hause. Inzwischen ging Marie auch schon zur Schule. Daran hatte der Großvater gar nicht gedacht, und als er kam, waren keine Ferien. So beschäftigte er sich an den Vormittagen in der Wohnung, werkelte hier und werkelte dort, zog Schrauben fest, reparierte Schuhe und leimte altersschwache Möbelteile.

An den Nachmittagen machte Marie ihre Hausaufgaben. Der Großvater hätte ihr gern dabei geholfen, aber das wollte sie nicht. Am Freitag verkündete sie stolz: »Jetzt kenne ich alle Buchstaben und kann alle Wörter schreiben! Darf ich nun mal selber in deinem Märchenbuch lesen?« Der Großvater schüttelte den Kopf: »Ach, Kind! Ihr lernt doch heutzutage die Buchstaben ganz anders zu schreiben als wir. Das wird nichts werden. – Aber sieh mal: Es hat aufgehört zu regnen. Lass uns einen Spaziergang machen!«

Marie war gleich einverstanden. Sie fand es sowieso wunderbar, dass der Großvater immer Zeit für sie hatte. Anders als die Mutter, die alle Tage arbeiten musste, weil sie Krankenschwester in einer Klinik war, oder die Großmutter, die immerzu putzte und kochte und jammerte, dass angeblich keiner sah, wie sie sich abrackerte. So kam es denn auch nur sehr, sehr selten vor, dass die drei einen gemeinsamen Sonntagsspaziergang unternahmen. Und wenn doch, dann zogen sie die guten Kleider an, und Marie wurde ständig ermahnt, sich ordentlich zu betragen und sich nicht schmutzig zu machen. Schon für das Balancieren auf einem Vorgartenmäuerchen bekam sie strafende Blicke, und viel fragen konnte sie auch nicht. Eine eiserne Regel der Familie lautete: Sprich nicht dazwischen, wenn die Erwachsenen sich unterhalten.

So führte der Großvater Marie wieder einmal bis zum Franckeplatz, wo rechts an der Ecke der Zeitungskiosk stand, an dem die Großmutter hin und wieder einen Rätsel-Troll kaufte. Sie hielten sich rechts und gingen in die Franckeschen Stiftungen. Die waren in einem miserablen Zustand, wirkten aber trotzdem wie ein kleines Reich für sich mitten in der Stadt. Die Hochstraße und die Hochhäuser an der südöstlichen Ecke gab es zu jener Zeit noch nicht, dafür eine Mauer mit zwei Toren und einer Pforte ringsherum, die verwilderte Ballon-Wiese und oberhalb einer breiten Freitreppe das Francke-Denkmal, das bis heute vom Stiftungsgründer kündet. An der Nordseite zogen sich Gärten bis zur Waisenhaus-Apotheke hin. Durch das dortige Tor verließen sie das Areal und kamen am Leipziger Turm vorbei bis zum Stadt-

Francke-Denkmal

gottesacker. Über den einzigartigen Campo Santo mit den Rundbögen hatte der Großvater viel in einem alten Stadtführer gelesen und wollte ihn Marie schon lange einmal zeigen, weil da so viele berühmte Leute begraben lagen. Es war der romantischste Friedhof, den er kannte, und er dachte nicht daran, dass ein siebenjähriges Mädchen bestimmt lieber Ball spielen oder kreiseln würde, als zwischen modrigen und schiefen Grabsteinen herumzulaufen und sich sagen zu lassen, wer August Hermann Francke oder Christian Thomasius waren. Sei's drum, sie traten durch das Portal mit dem Turm in jene wie verwunschen wirkende Welt, und der Großvater erzählte Marie, was er wusste.

Sie spazierten durch die Reihen, lasen hier einen Namen, da ein Geburts- oder Todesjahr, aber viele der Inschriften waren so verwittert, dass man sie nicht mehr erkennen konnte. Manche Steine waren tief eingesunken, und kaum eines der Kreuze stand noch gerade. Es gab aber nirgends eine Bank, und hätte es eine gegeben, wäre sie sicher noch nass vom Regen gewesen. So verließen die beiden den unheimlichen Ort bald und gelangten ein paar Straßen weiter zu einer kleinen Kneipe. Draußen über der Tür stand »Marthaklause«, drinnen war ein Sargdeckel über der Theke aufgehängt. Zu dieser Stunde zwischen Nachmittag und Abend war die Gaststube noch leer. Sie setzten sich an einen blanken Holztisch am Fenster, der Großvater bestellte ein Bier und eine Waldmeisterbrause.

»Sieh mal, Marie«, sagte er dann und ließ das Kind in sein Märchenbuch schauen, »möchtest du das wirklich selber lesen?« Marie blickte auf die verschnörkelte Bleistiftschrift und zog die Stirn kraus. »Das ist doch gar nicht richtig geschrieben«, empörte sie sich, »du hast bestimmt nie eine Eins in Schönschreiben gekriegt!« Der Großvater musste lachen. »Nein, da hast du recht. Aber selbst wenn, so könntest du doch nicht in diesem Buch lesen. Denn als ich in die Schule ging, lernten wir ja deutsche Buchstaben zu schreiben und nicht lateinische.« Und er erklärte Marie, was es mit den verschiedenen Schreibarten auf sich hat. Dann endlich holte er seinen Kneifer heraus, wischte ihn mit dem Taschentuch ab und las ein langes Märchen vor:

Die versunkene Burg

Da war mal, eine kleine halbe Stunde vom Städtchen entfernt, ein großer dichter Wald. Darin lagen viele Felsblöcke herum, einige schienen wie die Spitzen riesiger Felsen, die aus der Tiefe hervorragten. Stacheliges Gestrüpp hatte früher vielleicht vorhandene Wege überwuchert und sich dermaßen ausgebreitet, dass seit langem niemand mehr Lust verspürte, in diesem Wald spazieren zu gehen. Wohl gerade darum wurden aber allerhand Geschichten erzählt. Die waren so unheimlich und gruselig, dass ängstliche Gemüter am liebsten schon den Gedanken an den Finsterwald vermieden und nie auch nur in seine Nähe kamen.

Fand sich doch mal ein Wagehals, der das Geheimnis erkunden wollte, gab er sein Vorhaben bald auf und kehrte zerkratzt und zerzaust unverrichteter Dinge um.

In allen Geschichten ging die Rede von einem See mitten im Wald, von einer verwunschenen Insel und einem uralten Fluch. In manchen kamen auch Geisterumzüge vor, die gebe es viermal in jedem Jahr. Die meisten indessen, die davon hörten, dachten zwar eine Weile daran herum, taten jedoch dann – der Bequemlichkeit und Seelenruhe wegen – alles als törichtes Gerede ab.

Eines Tages zog eine Familie aus recht entfernter Gegend in das Städtchen, denn der Vater hatte gerade hier und nirgendwo sonst eine Arbeit gefunden, von der er sich und die Seinen ernähren konnte. Zwei seiner Kinder waren noch klein; der Älteste, Gerhard mit Namen, war schon dreizehn Jahre alt. Und natürlich dauerte es gar nicht lange, bis er seine Schulkameraden, mit denen er fast jeden Nachmittag stundenlang herumtollte, von dem rätselvollen Wald erzählen hörte. Die Eltern freuten sich, wenn Gerhard seine Freunde traf, denn mit Hausaufgaben war er immer schnell fertig. Der Vater kam erst spät von der Arbeit nach Hause, die Mutter kümmerte sich um seine beiden kleinen Schwestern, so dass er reichlich Freizeit hatte.

Das kam ihm nun zugute, als er seine Neugier nicht mehr bezähmen konnte und endlich wissen wollte, ob an all den Erzählungen nicht doch etwas Wahres wäre. Aber er wollte das allein herausfinden. Darum sagte er an einem Montagmittag, er habe heute andere Pflichten und käme nicht mit auf den Fußballplatz. In Wirklichkeit ging er – und achtete darauf, dass ihm niemand folgte – eilends in Richtung Wald. Er hatte heimlich eine kleine Axt eingesteckt und suchte nach einer geeigneten Stelle, wo er mit möglichst wenig Mühe das Gestrüpp abhauen und in das Gehölz eindringen könnte. Er kam nur langsam voran, aber mehr als eine Stunde wollte er mit dieser Arbeit nicht zubringen, um danach zur selben Zeit zu Hause zu sein wie sonst auch.

Von nun an ließ Gerhard sich nur noch jeden zweiten Tag bei seinen Schulfreunden sehen. Die gewöhnten sich schnell daran und dachten, er müsse vielleicht zu Hause seiner Mutter helfen oder ginge irgendwelchen anderen Beschäftigungen nach. Und es gab ja auch kaum jemanden, der immer dabei war.

So verging der April, auch der Mai war vorbei, doch Gerhard sah trotz aller Mühen noch kein Ziel. Schon manches Mal hatte ihn sein beschwerlicher Weg gerade auf einen Felsen zu geführt, so dass er demselben ausweichen und einen Umweg machen musste, der ihn einen Tag lang aufhielt, zuweilen sogar zwei oder drei. Endlich jedoch schien ihm von weitem helleres Licht durchs Walddickicht zu schimmern. Beklommen fragte er sich: Ist dort der Wald zu Ende? Habe ich ihn etwa durchquert, ohne auf die geringste Besonderheit zu stoßen? Dann wäre alles, was man an Gruselgeschichten erzählte, Schall und Rauch! Nein, das wollte er denn doch nicht glauben – er würde nicht aufgeben, wenigstens bis er wüsste, was es mit dieser unerwarteten Helligkeit auf sich habe.

Zwei Tage später vermutete er, es müsse eine Lichtung sein, denn in der Ferne schien wieder dunklerer Wald zu stehen. Beim nächsten Mal gelangte er unverhofft an einen abschüssigen Hang und erspähte unten hochgewachsenes Schilf. Hatte er den Waldsee gefunden? Der Boden wurde allmählich feucht, das Gestrüpp wich zurück. Er brauchte seine Axt nicht mehr und schritt mit klopfendem Herzen immer schneller aus. Bald hatte er das Schilf erreicht, das zuerst auf sumpfigem Grund und dann im Wasser stand. Aber von einem offenen Weiher oder gar einem See sah er nichts.

Suchend ging Gerhard am Schilf entlang. Da lagen bemooste Baumstämme, und dort waren die Reste eines Stegs zu erkennen, der ins Schilf hinein lief. Jetzt war er dem Geheimnis nahe! Der Junge kletterte hinauf, balancierte vorwärts und – stand bald darauf am abgebrochenen Ende des Stegs. Die vermoderten Bohlen waren unter weiß Gott welcher Last zusammengestürzt und im Schlamm verschwunden, und erst etliche Meter weiter setzte sich der Steg fort.

Wohin mochte dieser Steg führen? Fürs erste musste er die Neugier bezwingen, er war schon länger als sonst im Wald gewesen und wollte doch nicht, dass die Eltern Verdacht schöpften und ihm womöglich die freien Nachmittage verboten. Er rannte so rasch er konnte, nur das letzte Stück ging er langsam, um bei der Ankunft nicht außer Atem zu sein.

Am folgenden Tag war der Lehrer krank, und der Schulunterricht fiel aus, so hatte Gerhard viel mehr Zeit als sonst. Auf einem verlassenen Gehöft außerhalb der Stadt, wo allerlei Gerümpel lag, entdeckte er zwei breite Bretter, die nahm er mit. Als er sie bis zum Schilfsteg geschleppt hatte, taten ihm schon alle Knochen weh, aber sein Tagwerk fing ja erst an!

Vorsichtig schob er das erste Brett auf den sumpfigen Grund, aus dem hier und da kaum noch erkennbare Reste der einstigen Pfähle ragten, prüfte, ob es ihn hielt und zog das zweite Brett hinterher. Das platzierte er geschickt ein Stück weiter, so, dass er es mit einem großen Schritt erreichen und damit bis zum anderen Ende – oder besser: zum zweiten Anfang des morschen Brückleins kommen konnte. Nun ging er ungehindert weiter, das Schilf stand rechts und links von ihm so hoch wie kleine Bäume, das Wasser unter ihm schien eine Zeitlang ziemlich tief, dann wurde es flach, und plötzlich endete der Steg auf festem Boden. Gerhard hatte eine Insel erreicht! Doch die Sonne neigte sich schon, er hatte keine andere Wahl, als für heute, so schnell es eben ging, umzukehren.

Alles, was er bisher im Wald vorgefunden hatte, war ihm aus den Erzählungen mehr oder minder bekannt. Und jetzt hatte er sie sogar schon selbst betreten, die sagenumwobene Insel. Nur, was ihn dort erwarten würde, wusste er nicht. Und ebenso wenig, wie er denn die Insel erkunden könnte, dazu würden die kurzen Nachmittagsstunden nie und nimmer ausreichen! Er müsste es an einem Sonntag tun und sehr früh aufbrechen, wenn alles noch schlief, um dann rechtzeitig zum Mittagessen wieder da zu sein.

Der Juni hatte fast die Monatsmitte erreicht, und so stieg die Morgendämmerung schon um die vierte Stunde herauf. Gerhard hatte vor Aufregung kaum geschlafen und schlich sich leise aus dem Haus. Als die Sonne aufging, setzte er zum ersten Mal einen Fuß auf die Insel. Er trat aus dem Schilf und erblickte ganz in der Nähe ein halb zerfallenes Häuschen und unweit davon seltsame Gemäuer, die sahen aus wie die Turmspitzen einer alten Burg – doch nicht in luftiger Höhe, sondern dicht über der Erde, als sei da eine Burg im Boden verschwunden. Vorsichtig Umschau haltend näherte sich Gerhard dem Häuschen. Kein Mensch und auch kein anderes Lebewesen, das ihn hätte beobachten können, waren zu sehen. Die Tür des Häuschens hing schief in den Angeln und stand offen, so dass er hineinsehen konnte, doch es war niemand drin. Was also würde ihn weiter erwarten? Die Hütte war leer. Sie bestand aus einem einzigen Raum, der Fußboden war die Erde selbst. Genau in der Mitte gab es ein viereckiges niedriges Mäuerchen. Neugierig trat der Geheimnissucher näher und schaute hinein: Er stand am oberen Rand eines tiefen Schachtes, an dessen geraden Seitenwänden eine schmale geländerlose Treppe abwärts führte. Wer nicht schwindelfrei war, musste von einer solchen Treppe ohne Halt unrettbar in die Tiefe stürzen.

Ein Unbehagen beschlich den Jungen. Sollte er den Abstieg wirklich wagen? Aber er wollte doch alles ergründen, was hier auf der Insel vor sich ging. Diesen Plan vor lauter Angst und Bange aufgeben? Nein, das durfte er nimmermehr, er musste hinab, und koste es das Leben!

Der Sonntagsbesucher drehte sich noch einmal um und sah, wie die Sonne sich gerade über die fernen Waldwipfel erhob. Es blieb ihm also noch reichlich Zeit. Er kletterte über das Mäuerchen und begann langsam die Treppe hinunterzusteigen, die kaum so breit war wie er selbst. In jeder Ecke, und jedes Mal ein wenig tiefer, befand sich eine kleine quadratische Plattform, die mit Müh und Not Platz für zwei eng nebeneinanderstehende, nicht allzu große Füße bot. Gerhard stieg und stieg, und bald hatte er das Gefühl, als drehte sich alles um ihn her. Denn obgleich der Schacht nicht rund, sondern viereckig war, schien es, als ginge er eine endlose Wendeltreppe hinab. Und als er endlich unten angekommen war, legte er sich erst einmal lang hin und machte die Augen zu – vollkommen schwindlig war ihm von diesem Abstieg geworden.

Unten war es fast dunkel, doch als er nach einer Weile die Augen wieder aufschlug, konnte er erkennen, dass er vor einem großen Tor lag, es schien der Eingang zu einer Burg zu sein – jener Burg, deren Turmspitzen er oben hatte aus der

Erde ragen sehen. Noch immer war er so benommen, dass er nicht aufzustehen vermochte. Als er abermals die Augen schloss, nahm er einen dumpfigen Geruch wahr, ehe ihm die Sinne schwanden, weil er in einem betäubenden Sumpfgas lag.

Plötzlich hörte er, wie das Burgtor langsam und knarrend geöffnet wurde. Er zwang seine Augenlider auseinander und schaute in einen Burghof hinein. Drinnen herrschte schwaches Licht. Von seinem Platz am Fuß der Treppe konnte er aber niemanden sehen. Schwankend stand er auf und schritt zielsicher auf das Tor zu, in den Torweg hinein und bis zum Hofeingang.

Doch was er nun erblickte, ließ den einsamen Forscher wünschen, lieber nicht allein zu sein: Auf dem Burghof stand eine große Karosse, davor waren Pferdegerippe gespannt, deren natürliche Umrisse man nur schemenhaft sah. Auf dem Kutschbock saßen ein Kutscher und ein Diener – menschliche Gerippe, deren frühere Gestalt und Kleidung gleichfalls nur undeutlich und wie Nebel zu erkennen waren. Innen im Wagen saß eine vornehme Dame, die sah ebenso unheimlich und durchsichtig aus.

Mit einem Mal geriet all das in Bewegung: Der Kutscher schwang seine Peitsche, die Pferde zogen an und liefen, aber sie kamen mit ihrem Gefährt, dessen Räder sich drehten wie wild, nicht vom Fleck. Gerhard konnte den Blick kaum von diesem gruseligen Schauspiel lösen, doch er wollte ja noch viel mehr in Erfahrung bringen!

Gerade dem Toreingang, in dem er noch immer wie gebannt stand, gegenüber, lag eine breite Freitreppe, die führte zum Haupteingang der eigentlichen Burg. Da musste er sich

Die versunkene Burg

wohl oder übel ein Herz fassen und diesen gespenstischen Hof überqueren, anders käme er ja in die Burg nicht hinein. Noch einmal zögerte er kurz, dann nahm er allen Mut zusammen, und eilte, vorbei an der Kutsche mit den Gerippen, über den Hof jenem Eingang zu.

Als er den rechten Fuß auf die erste Stufe der Freitreppe setzte, ging oben wie von selbst die Burgtür auf. Schnell erklomm er die übrigen sieben Stufen und trat durch die weiterhin offen stehende Tür in eine große Vorhalle ein. Zu beiden Seiten gab es Flügeltüren, die waren zu, vor ihm führte eine weitere Treppe nach oben, auf halber Höhe verzweigte sie sich nach rechts und links, scheinbar, um zweifach irgendwo im darübergelegenen Stockwerk zu enden.

Ratlos schaute Gerhard umher und wusste nicht recht, was er zuerst tun sollte. Als er nach links blickte, öffnete sich auch diese Tür, und abwechselnd rechts und links waren weitere Türen angeordnet. Sobald er sie passierte, öffneten sie sich und gaben den Blick frei in prächtige Gemächer. Ihm schien, jedes sei immer noch ein bisschen reicher und kostbarer ausstaffiert als das vorige – aber alle waren menschenleer. Er ging in die Vorhalle zurück und wandte sich der anderen Seite zu. Wie erwartet, stand ihm sofort auch diese Tür offen. Seine Neugier wurde müde: Da würde sich wohl alles wiederholen ... Aber nein! Die letzte Tür am Ende des Ganges öffnete sich nicht. War dahinter das Geheimnis verborgen, um dessentwillen er gekommen war? Wollten die Eigentümer der Burg es verbergen, und blieb deshalb diese Tür zu? Oder hofften sie, dass er selber nachsah?

Entschlossen drückte er die Klinke nieder und trat in das Gemach. Drinnen am Fenster saß eine alte Frau in einem

Lehnstuhl und nähte an einem weißen Linnen. Aber ebenso wie Kutscher und Pferde war sie nur ein Schatten. Die Umrisse ließen jedoch erkennen, dass sie vornehm, wenn auch in der Mode längst vergangener Zeit gekleidet war. Ob das die Gemahlin des alten Burgherrn war? Sie indes hatte ihn bemerkt, ließ ihre Handarbeit in den Schoß sinken und wandte langsam den Kopf. Mit hohl klingender Stimme sprach sie den Besucher an: »Was willst du? Wenn du den Herrn der Burg suchst, steig die Treppe hinauf!«

Gerhard dankte ihr und tat, wie ihm geheißen. Auf halber Höhe der Treppe entschied er sich für die rechte Seite und stellte bald fest, dass sie weiter oben einen Bogen beschrieb und sich wieder mit dem linken Treppenzweig vereinte. In doppelter Breite führten vier flachere Stufen bis zu einem prunkvollen Portal, dessen Flügel sich leise schwingend auftaten, sobald sein Blick darauf gefallen war. Reglos blieb er im Eingang stehen. Und staunend ließ er seine Blicke durch einen riesigen Rittersaal schweifen. Mächtige Pfeiler stützten ein kunstvolles Kreuzgewölbe, farbenprächtige Gemälde mit romantischen Waldlandschaften und schönen Frauen schmückten die Wände, in tiefen Nischen neben den hohen schmalen Fenstern waren silberne Ritterrüstungen aufgestellt. Mitten im Saal aber stand eine Gestalt, schattenhaft wie alle anderen, doch mit voller goldglänzender Ritterrüstung angetan. Ehrerbietig verneigte sich Gerhard vor der hoheitsvollen Erscheinung und hätte gern gefragt, ob er der Burgherr sei, aber er wagte es nicht. Da sprach ihn der Ritter mit fest tönender Stimme an: »Tritt näher, Knabe! Wer du auch seist, du hast großen Mut bewiesen, um bis hierher vorzudringen. Doch noch viel mehr Mut wirst du aufbringen müssen, wenn du uns von dem Fluch erlösen willst, der seit langem auf dieser Burg und ihren Bewohnern lastet.« Gerhard lauschte atemlos. »Hör gut zu, was ich dir sage«, fuhr der Gepanzerte fort, »und vergiss es nie! Vor dreizehn mal dreizehn mal drei Jahren traf uns der Fluch eines Sterbenden, und das kam so: Mein Vater war ein wohltätiger Mann. Kein Bettler klopfte vergebens an die Tür der Burg, jedem ließ er zu essen und zu trinken geben und überdies oft ein Geschenk. Das sprach sich herum, und so nahm die Bettelei bald überhand, die Vorräte schmolzen dahin. Deshalb erließ ich, nachdem mein Vater gestorben war, ein Verbot: Niemals wieder sollte ein Bettler die Burg betreten dürfen, das wurde überall bekannt gemacht.

Eines Tages aber kam doch wieder einer und versuchte, an der Torwache vorbei in die Burg einzudringen. Einer der Wächter stieß ihn so grob zurück, dass er kopfüber in den Burggraben stürzte. Unten schlug er schwer auf einem Felsen auf und blieb dort todwund liegen. Im Sterben aber verwünschte er uns mit den Worten: Die Burg mag mitsamt dem Felsen, auf dem sie ruht, in der Erde versinken und alle Bewohner sollen dabei umkommen! Vielleicht weißt du es ja nicht, aber die Flüche von Sterbenden haben eine viel stärkere Wirkkraft als alle anderen. Und jener Fluch erfüllte sich sogleich. Kaum hatte der arme Mann seine Todesqualen ausgestanden und den letzten Atemzug getan, versanken Fels und Burg und wir alle mit Getöse in der Tiefe. Aber der Burgfelsen verklemmte sich zwischen anderem Gestein, das in der Erde lag, so dass die Burg nicht vollends verschwand. Die Turmspitzen ragen ja, das hast du oben gesehen, bis heute aus der Erde hervor. Darum konnte nichts und niemand von allem, was damals lebendig war in der Burg, ganz und gar zu Tode kommen. Wir leben fort und fort als jene Schattenwesen, die du vor dir siehst.

So leid es uns auch tut, was hier vor mehr als fünfhundert Jahren geschah – wir vermögen die Zeit nicht zurückzudrehen. Und solange die Burg noch aus der Erde ragt, finden wir keine Ruhe. Viermal in jedem Jahr – sommers und winters in den Nächten vor dem längsten und vor dem kürzesten Tag und in denen der Tag- und Nachtgleiche im Frühling und im Herbst, muss ich mit meinen Mannen um Mitternacht die Burg verlassen. Frag nicht wie, aber wir sprengen mit unseren Rossen den Schacht hinauf, reiten einmal um die ganze Insel herum, fegen wie ein Sturmwind über den Steg und umrunden, ehe wir auf demselben Weg zur Burg zurückkehren, dreimal den See.

Doch nur bei jedem vierten Ausritt, nämlich in der Nacht vor dem längsten Tag, dürfen wir hoffen, erlöst zu werden, indem die Burg endlich zur Gänze in der Erde versinkt. Was dazu nötig ist, können wir indes nicht selber tun. Wir bedürfen der Hilfe eines tapferen Menschen, wie du einer bist. Schwer ist das nicht, doch du müsstest zu rechten Zeit am rechten Ort sein und deine Axt im richtigen Moment mit ganzer Kraft an jene Stelle des Burgfelsens schlagen, wo er sich festgeklemmt hat.«

Der untote Ritter sah den gespannt lauschenden Jungen prüfend an. In seinen Augen erkannte er ehrliches Mitleid mit den Verdammten. Und so führte er seine Rede zu Ende: »Wenn du uns also helfen willst, musst du in der Johannisnacht, wie du es heute tatest, in den Schacht hinabsteigen und am Toreingang warten, bis wir von unserer nächtlichen

Pflicht zurückgekehrt sind. Sobald der letzte meiner Mannen hinter dem Tor verschwunden sein wird und sich Punkt ein Uhr in der Nacht das Tor krachend schließt – genau in diesem Augenblick schlag mit deiner Axt auf den Poller rechts neben dem Tor. Dann rutscht die Burg vollends in die Erde hinein und alle Verwunschenen finden endlich Ruhe und Frieden. Der längste Tag ist nicht mehr weit, sei stark und bereit, wir zählen auf dich!«

Bei den letzten Worten hatte der Burgherr Gerhard unverwandt angesehen und ihm wie zum Abschied aufmunternd zugewinkt. Der Junge nickte gehorsam, verneigte sich ein zweites Mal, drehte sich um und ging, nachdem er seine Axt hinter der untersten Treppenstufe versteckt hatte, denselben Weg zurück, den er gekommen war.

Als er aus dem Schacht und aus dem Häuschen trat, stand die Sonne schon fast im Zenit und er sputete sich, um noch zur rechten Zeit daheim zu sein.

Das Erlebte ließ ihn nicht los. Er wollte alles daran setzen, den Bann, der auf der Burg und ihren Bewohnern lastete, zu brechen. Gern hätte er sich jemandem anvertraut, aber weder mit seinen Freunden noch mit seinen Eltern mochte er darüber sprechen, um die Rettungstat, die er plante, nicht zu gefährden. Es fiel ihm schwer, aber er schwieg und würde weiter schweigen, bis alles überstanden war. Noch sieben Tage musste er sich gedulden.

Die größte Schwierigkeit bestand für ihn darin, dass er nicht wusste, wie er sich am Abend unbemerkt fortschleichen könnte. Ehe seine Eltern schlafen gingen, schaute die Mutter immer noch einmal ins Zimmer der beiden Mädchen, der Vater ging durch die übrigen Räume, um sicher zu sein, dass alles in Ordnung war. Würde er dabei feststellen, dass Gerhard nicht im Hause sei, wären Angst und Sorge der Eltern, die ihren Ältesten sehr lieb hatten, sicher groß. Das wollte er auf keinen Fall – was sollte er nur tun?

Vier Tage waren schon verstrichen, ohne dass dem Jungen ein rettender Einfall gekommen wäre. Dann half ihm ein betrübliches Ereignis. Die Mutter erhielt die schlimme Nachricht, dass ihr Vater – der in ihrer früheren Heimat geblieben war, weil man alte Bäume, wie er gern sagte, nicht mehr verpflanzt – an einer schweren Krankheit litt und diese wohl nicht überleben werde.

So ließen die Eltern Gerhards Schwestern in der Obhut einer Nachbarin zurück, zum Sohn aber sprachen sie: »Du bist schon groß, du musst jetzt ein paar Tage allein zurechtkommen. Sei immer pünktlich in der Schule, vergiss die Hausaufgaben nicht, geh nicht zu spät schlafen und schließ ordentlich die Türen ab.« Zwei Tage vor der Johannisnacht traten sie ihre traurige Reise an. Auch Gerhard liebte seinen Großvater sehr, doch der beklemmende Gedanke daran, dass er ihn vielleicht nie wiedersehen würde, hielt sich die Waage mit der Erleichterung darüber, dass es einen Ausweg aus seiner schwierigen Lage gab.

Als der Johannisabend anbrach und der fast volle Mond groß über die fernen Tannenwipfel stieg, hielt es Gerhard nicht länger zu Haus. Den Weg kannte er inzwischen so gut, dass er ihn sogar in finsterster Nacht hätte finden können: die Stadt, der Wald, das Ufer, der Steg. In der Nähe des Häuschens bei den Turmspitzen verbarg er sich in einem dunklen Gebüsch, um alles, was hier geschehen würde, ungesehen zu beobachten.

Schon nahte die Mitternacht, ohne dass der Junge die geringste Müdigkeit verspürte. Der Mond stand inzwischen hoch am wolkenlosen Himmel, so dass man jeden einzelnen Grashalm sah. Plötzlich ertönte ein Sausen und Fauchen, erst leise, dann immer lauter, bis es wie ein brausender Sturm aus dem Schacht und aus dem Häuschen fuhr. Geistermenschen auf Geisterpferden, angetan mit schweren Rüstungen, allen voran der Burgherr, rasten an dem Gebüsch vorbei bis zum Rande der Insel, die sie in irrer Geschwindigkeit umritten, ehe sie donnernd den schwankenden Steg überquerten. Im hellen Mondlicht glitzerten die blanken Rüstungen und liefen wie ein flüchtiger Silberstreif windeseilig am Seeufer entlang. Fernhin entschwanden sie für eine Weile seinem Blick, bis sie wieder näher kamen und die zweite Runde um den See begann. Der Späher riss die Augen auf und vermochte doch kaum, die Reiter im Blick zu behalten, so schnell rasten sie durch die Nacht.

Kurz bevor der dritte Umritt seinen Anfang nahm, war Gerhard sich sicher, es sei nun an der Zeit. Er huschte in das Häuschen und stieg hinab in den Schacht. Eigentlich hatte er erwartet, dass es schwieriger sein würde als am Tag, aber er erkannte bald, dass es diesmal von unten viel heller war als beim ersten Mal. Wieder taumelte er, benommen von der dumpfen Luft, doch der Gedanke an seine sich selbst auferlegte Pflicht hielt ihn aufrecht. Taghell leuchtend lagen Burgtor und Torweg da. Zum letzten Mal, das wusste er ja, schritt er hindurch, um sich am Anblick des weiten, blendend hellen Burghofs zu erfreuen. Die ganze Burg erstrahlte in gleißendem Licht, nur widerstrebend löste Gerhard seinen Blick von der unwirklichen Pracht. Er zog die Axt aus dem Versteck hervor, schmiegte sich in einen Winkel rechts neben dem Burgtor und hielt sich bereit.

Obwohl er es erwartet hatte, erschrak er doch bis ins Innerste, als die Geisterschar mit einem Mal fauchend und brausend den Schacht hinabfuhr. Ein heftiger Luftzug warf ihn fast um: Das fegte an ihm vorbei, durch den Torweg hindurch und in den Burghof hinein. Kaum war der letzte Geisterreiter drinnen, fielen die beiden Torflügel dröhnend ins Schloss ...

... im selben Moment, in dem Gerhard weit ausholte und die Axt mit aller Kraft auf den Poller niedersausen ließ. Der Burgfels antwortete mit einem entsetzlichen Krachen und Bersten und versank. Zugleich zerfiel die alte Burg in tausend Trümmer und riss alles und alle mit sich in die Tiefe – nur den zauberlösenden Retter nicht!

Der Tumult in der Erde hatte einen so gewaltigen Luftdruck erzeugt, dass er Gerhard durch den ganzen Schacht nach oben und ins Freie weitab bis zum Schilfgürtel der Insel schleuderte. Als er sich umsah, war von dem Häuschen nicht der kleinste Rest übriggeblieben. Aus dem Schacht aber brachen immer weiter Felsstücke und steiniges Geröll hervor.

Der Morgen graute bereits, als das Poltern und Krachen erstarb und der Staub sich langsam legte. Wo die Turmspitzen aus der Erde geragt hatten, tat sich ein Abgrund auf, eine breite Schlucht reichte bis zum See, dessen Wassermassen sich nun in jene Tiefe ergossen, wo bis eben die einst stolze Burg gewesen war.

Gerhard wanderte heimwärts, zum Umfallen müde und erschöpft. Den Wald erkannte er kaum wieder: All das Gestrüpp war verschwunden und die schroffen Felsbrocken auch. Bequem und glatt wie im Stadtpark war der Weg.

Seither sind viele Jahre und Jahrzehnte vergangen. Etliche der Bäume sind gestorben, aber der alte Wald ist freundlich und licht. Einzelne Baumriesen erinnern noch an die Zeit, in der jener Zauber wirkte, den Gerhard mutig zu lösen verstand. Das Städtchen war gewachsen und hatte den Waldrand erreicht.

Für viele Stadtbewohner, groß oder klein, ist das Ziel ihres Sonntagsspaziergangs der See. Dort sitzen sie auf hölzernen Bänken und freuen sich an der schönen Natur. Und manchmal sprechen manche von einem Jungen namens Gerhard und von der versunkenen Burg.

Und wenn sie noch leben ... ja, dann ... genießen sie bis heute ihr Glück.

Das war ja nun das längste Märchen, das Marie bisher vom Großvater gehört hatte. Darum konnte es auch nicht ungestört von Anfang bis zum Ende vorgelesen werden. Nach einer Weile war der Wirt leise hinter seinem Tresen hervorgekommen, hatte sich zu ihnen gesetzt und ebenso neugierig gelauscht wie Marie. Doch bald kamen die ersten Stammgäste und verlangten ihr Feierabendbier. Der Wirt musste sie also bedienen und bat den Großvater jedes Mal, solange zu warten, ehe er weiter läse. Dafür spendierte er den beiden noch zweimal ein kleines Bier und eine Brause.

Nach und nach spitzten sogar ein paar der anderen Gäste die Ohren. Aber sie achteten darauf, dass es niemand merkte. Man gab doch nicht zu, als erwachsener Mensch noch Freude an einem Märchen zu haben! Als der Großvater das

Buch zugeklappt hatte, rief einer vom Nachbartisch rüber: »Eh, du, das musste mal drucken lassen! Wird bestimmt 'n schönes Buch.«

Der Großvater winkte ab: »So etwas kostet eine Menge Geld, und das habe ich nicht. Man müsste auch noch jemanden finden, der Bilder dazu malt. Das macht doch niemand umsonst. Mir genügt es, wenn ich meiner Marie die Märchen vorlesen kann.«

Inzwischen war es draußen dunkel geworden, und als der Großvater und Marie nach Hause kamen, konnten sie von ihrer guten Laune niemandem was abgeben, weil sie fürchterlich ausgeschimpft wurden. Maries Mutter und die Großmutter hatten sich nämlich schon Sorgen gemacht und überlegt, ob sie zur Polizei gehen und die zwei als vermisst melden sollten. Es war ja damals alles viel schwieriger als heute: Fast niemand hatte ein Telefon; und das Handy, mit dem man heute immer und überall erreichbar ist und Bescheid geben kann, wenn man sich verspätet – das war noch gar nicht erfunden!

Im Jahr darauf fragte der Großvater vorher an, wann Marie Ferien hätte, und kam dann im Mai. Es war der schönste Frühling seit Jahren, an manchen Tagen warm wie im Sommer. Marie und der Großvater waren vor Freude ganz aus dem Häuschen und wären am liebsten jeden Tag von früh bis abends unterwegs gewesen.

Am Sonntagvormittag überraschte der Großvater das Kind mit einem Zirkusbillet. Vielleicht glaubt das niemand, aber Marie war zum allerersten Mal in ihrem Leben in einem Zirkus. Alles war neu und bunt und wunderbar. Das prachtvolle Zelt mit den geschmückten Masten und dieser Raubtierduft in der Luft! Die samtroten Vorhänge am Rand der Manege, der große Magier, der aus lauter Luft lebendige Kaninchen zauberte, der lustige Clown mit der riesigen Nase, der weit vorn an den Logenplätzen vorbeistolperte, die Akrobaten in ihren wunderschönen Trikots, die vielen Tiere und die ohrenbetäubend laut schmetternde Musik! Marie hätte am liebsten in alle Richtungen zugleich geschaut und konnte nach jeder Nummer kaum erwarten, dass es endlich weiterging. In der Pause tänzelte ein bunt kostümiertes Mädchen durch die Reihen und verkaufte Eis. Auch Marie bekam eins und achtete darauf, ihr gutes Kleid mit den blauen Blumen nicht zu bekleckern.

Irgendwann ist aber auch die längste Zirkusvorstellung zu Ende. Viele Leute strömten gleich zur Straßenbahnhaltestelle am Riebeckplatz. Die meisten jedoch, die mit Kindern da waren, gingen noch zu den Zirkuswagen, wo es etliche Tiere zu bewundern gab. In der Nähe des Zirkuszeltes standen sogar zwei Bockwurstbuden, dort konnte man sich stärken, wenn man lange genug in der Schlange gewartet hatte. Doch auch danach war der Sonntag erst zur Hälfte vorbei. Und da der Großvater diesmal zu Hause gesagt hatte, dass er und Marie nicht vor dem Abend zurückkommen würden, hatten sie keine Eile. Der Großvater meinte, nach so vielen Tieren sollten sie sich auch noch ein paar seltene Pflanzen ansehen.

So erreichten sie, die Magdeburger Straße entlang, am Steintor, an der alten Hauptpost und am Opernhaus vorbei, am Kirchtor den Botanischen Garten der Universität.

Botanischer Garten

Maries Füße waren aber inzwischen so müde geworden, dass sie dort nicht weiter als bis zur nächstbesten Bank laufen und ein schönes Märchen hören wollte. Die Bank stand in der Nähe der früheren Sternwarte und sie schauten auf einen kleinen Teich, in dem später im Jahr die Seerosen blühen würden. Der Großvater putzte mit dem rotweißkarierten Taschentuch die Gläser des Kneifers und fing an zu lesen:

Der Zauberstab

Da war mal ein Geschwisterpaar, das lebte mit Mutter und Vater in einem abgelegenen Dorf. »Wie schön war es im letzten Jahr, als ich mit unserem Onkel dort oben auf dem Berge war. Wie gern würde ich wieder einmal hinaufklettern!« So sprach der Bruder – wir nennen ihn Anton –, der ein paar Jahre älter war, zu seiner Schwester Hanni. »Ja, da hinauf möchte ich auch einmal, aber allein dürfen wir es doch nicht«, antwortete sie. »Ich weiß den Weg noch genau und könnte dich ganz allein führen«, beharrte Anton. Seit diesem Gespräch wuchs in den Kindern unaufhaltsam der Wunsch, einmal zusammen den hohen Berg zu besteigen.

Eines Nachmittags gingen die Eltern ins Nachbardorf, um Bekannte zu besuchen. Die Kinder blieben für einige Stunden allein. Zuerst spielten sie vor dem Haus im Sonnenschein. Es war Frühling, die Bäume leuchteten mit ihrem frischen Laub. Wie schön sah gerade heute der Berg in der strahlenden Sonne aus! Noch ohne Absicht gingen die Geschwister ein Stück Wegs in Richtung des Berges. Bald kamen sie in den Wald, der vom Berg aus weit bis ins Tal hinabreichte. Und mit einem Mal fanden sie sich auf dem Weg nach oben. »Eigentlich ist es gar nicht weit, in einer Stunde können wir auf dem Gipfel sein. Wenn wir nicht lange oben bleiben, sind wir zu Hause, ehe Vater und Mutter heimkehren«, sprach Anton, mehr zu sich selbst als zu Hanni. Als er sich dann seiner Schwester zuwandte, hatte er im Grunde schon alles entschieden: »Wir gehen hier rechts hinauf und kommen dann links wieder herunter. Dort siehst du den Weg, den ich im vorigen Jahr mit dem Onkel ging.« Hanni wusste nicht recht, ob sie zustimmen sollte, aber sie schritten ja schon wacker bergan. »Wie schön!«, jubelte das Mädchen, als sie den ersten Aussichtspunkt erreichten. »Was wirst du erst für Augen machen, wenn du ganz oben bist, da ist es noch viel, viel schöner, und man sieht noch viel, viel weiter«, versprach Anton und zerstreute damit Hannis letzte Zweifel.

So gingen sie bedenkenlos immer weiter hinauf, pflückten links und rechts Blumen, und die Zeit verging viel, viel schneller, als sie dachten. Als sie endlich oben auf dem Berge waren, stand die Sonne schon sehr tief. Hanni blickte umher und konnte sich gar nicht satt sehen an all den grünen Bergen und Tälern im goldenen Abendlicht. »Es ist so wunderschön hier oben!«, rief sie aus, »Wie schade, dass wir gleich wieder hinabsteigen müssen. Komm schnell!« Doch Anton hielt sie zurück: »Wir müssen noch ein Stück hier oben weitergehen, dann erst biegt ein Weg links ab.« Aber wieder standen so schöne Blumen da, die sie pflückten, um ihre Eltern damit zu erfreuen. Sie liefen hierhin und dorthin und achteten kaum auf den Weg. Und so hatten sie, ohne es zu merken, den Seitenpfad, der hinabführte, verpasst. Es war gar nicht mehr sehr hell, als Anton ratlos fragte: »Wo ist nur die Stelle, wo der Weg bergab beginnt?« Hanni, fast den Tränen nahe, entgegnete: »Siehst du, nun weißt du doch nicht, wie wir wieder nach Hause finden! Was sollen wir bloß machen, wenn es dunkel wird?« – »Keine Bange, der Weg muss ja gleich kommen«, versuchte Anton seiner Schwester und sich selber Mut zuzusprechen. Aber er war seiner Sache nicht mehr sicher. Denn so sehr sie auch eilten – kein Weg tauchte auf. Zu alldem brach nun bereits die Dämmerung herein, und das Mädchen begann zu klagen. »Wir müssen bestimmt die ganze Nacht im finstern Wald verbringen! Wer weiß, was uns hier alles zustoßen kann!«

Kaum hatte sie zu Ende gesprochen, da hörten sie in der Nähe ein gespenstisches Knistern. Und bald darauf erschien ein alter Mann mit langem, weißem Bart, auf dem Rücken hing ein Gewehr. Er trat auf die Kinder zu und redete sie freundlich lächelnd an: »Ihr wollt doch bestimmt noch heute ins Tal hinunter und habt euch verlaufen.« Als die beiden nickten, fuhr er fort: »Dazu ist es längst zu spät geworden, ihr müsstet weit zurückgehen und bevor ihr zu dem Weg nach unten kommt, wäre es stockfinstre Nacht. Ihr werdet im Wald schlafen müssen – oder ihr kommt mit mir mit. Nicht weit von hier steht mein Haus, und wenn ihr wollt, könnt ihr, bis es Tag wird, bei mir bleiben.«

Anton und Hanni, eben noch nahe am Weinen, wurde es leicht ums Herz, weil sie nun keine lange Nacht im Wald erwartete, und sie sagten freudig Ja. Fürsorglich nahm sie der Jäger an den Händen und ging mit ihnen mitten in den Wald hinein.

Doch das dauerte viel länger, als die Kinder geglaubt hatten. Da der Alte immer weiterging, kehrte ihre Angst zurück.

Sie dachten an die Eltern, die inzwischen lange zu Hause sein mussten und sie vergeblich suchten. Endlich kamen sie an einen Abhang. »Hier müssen wir hinab, aber es ist sehr steil, deshalb will ich euch auf den Arm nehmen und hinuntertragen.« Bei diesen Worten umfasste der Jäger die beiden und hob sie auf. »Ich muss euch recht festhalten, damit ihr nicht hinunterfallt.« Bei diesen Worten presste sie der Jäger an seine Brust, bis ihnen die Luft ausging und sie die Besinnung verloren. Anton und Hanni träumten, zwei große Schlangen hätten sie umschlungen und wollten sie zu Tode drücken.

»So, nun wisst ihr nicht mehr, wohin ich mit euch gehe«, sagte der plötzlich unheimlich groß gewordene Alte. Er stieg immer weiter hinab, bis er im Waldboden verschwand. Denn er war ein Erdgeist, der dort in der Tiefe wohnte. Tagsüber ließ er sich nie auf der Oberwelt sehen, aber abends, nach Sonnenuntergang, durchstreifte er als Jäger die Wälder.

Als die Kinder wieder zu sich kamen, war es finster um sie her und feuchter Erdduft drang in ihre Nasen. Sehen konnten sie nichts, aber sie fühlten, dass sie beieinander und rundum warm und weich eingehüllt waren. »Wo sind wir?«, fragte Hanni. »Ich weiß es auch nicht«, erwiderte Anton, »Wir sind wohl im Haus des alten Jägers. Es muss aber noch mitten in der Nacht sein, denn es ist ja ganz finster. Wir wollen ruhig weiterschlafen, damit wir morgen recht früh munter werden und schnell nach Hause laufen können.« Da sie noch immer müde waren, schliefen sie gleich wieder ein. – Aber als sie am Morgen erwachten, verwunderten sie sich sehr. Ein eigentümliches Zwielicht umgab sie. Sie waren auf einem breiten Lager mit einem riesigen Tierfell zugedeckt. »Das ist doch kein Zimmer«, rief Anton, »die Decke ist ja höher als in der

Kirche im Dorf!« Und überall mussten Lampen versteckt sein, nur deren Widerschein erleuchtete den Raum. Ringsherum glitzerten die Wände und über ihnen die Deckenwölbung in tausend Farben. Alles, was im Raum stand, war aus Glas, die hohen Schränke, die Tische und die Stühle, und strahlte gleichfalls in vielfarbigem Glanz.

Staunend blickten sich Anton und Hanni nach allen Seiten um. Da trat lächelnd ein Mädchen auf sie zu und sprach: »Ihr werdet Hunger haben, ich hole euch was zu essen.« Auf einem gläsernen Tablett servierte sie ihnen Schinken- und Käsesemmeln und süßen Kuchen, und alles war auf feinen Kristalltellern liebevoll angerichtet. »Lasst es euch gut schmecken; wenn ihr gegessen habt, bringe ich euch auch zu trinken.«

Die Kinder ließen sich das nicht zweimal sagen und langten tüchtig zu. Als sie satt waren, kam das Mädchen wieder und brachte ihnen in blanken Glastassen einen wundersamen Trank. »Wo sind wir hier eigentlich?«, fragte Anton. »Das wisst ihr doch«, war die Antwort, »Ihr seid bei dem Jäger, der euch im Wald gefunden hat. Bald werdet ihr ihn sehen, aber erschreckt nicht, denn hier unten ist er riesengroß. Er ist nämlich in Wahrheit ein Erdgeist und hat hier in der Erde sein Schloss. Aber nun trinkt, ihr werdet durstig sein.« Beklommen griffen die Kinder zu den Tassen und tranken. Kaum aber hatten sie den ersten Schluck getan, da wurde ihnen ganz seltsam zumute: Mit einem Male schien, was ihnen am Vortag widerfahren war, wie ein Traum.

Und wie ein Traum verblasste die Erinnerung an Vater und Mutter, an das Haus im Dorf, an den hohen Berg ... Schließlich wussten sie nichts mehr von alledem, was sie jemals gehört und gesehen hatten. Nur dass sie Bruder und Schwester waren, blieb ihnen bewusst.

Nun endlich kam der Erdgeist. Ungeheuer groß war er, aber als hätten Anton und Hanni stets hier unten gelebt und als wäre er ihnen schon immer bekannt gewesen, liefen ihm die beiden Kinder mit einem freundlichen »Guten Morgen« entgegen. Mit dem gleichen herzlichen Lächeln wie gestern, als er ihnen begegnet war, schloss er sie in die Arme. Dann rief er nach Alma und stellte sie ihnen als seine Tochter vor. Sie sollte mit den Kindern spielen und sie im Schloss herumführen.

Doch er nannte sie nur seine Tochter. In Wirklichkeit hatte er auch sie, die heute achtzehn Jahre alt war, vor langer Zeit im Wald angetroffen und in sein Schloss entführt. Aber anders als Anton und Hanni war Alma ein elternloses, verstoßenes Kind. Seine Pflegeeltern hatten es so schlecht und roh behandelt, dass es eines Tages von zu Hause weggelaufen war. So war Alma herzensfroh, als sie den alten Jäger traf und von ihm mitgenommen wurde. Nie im Leben hätte sie sich nach den bösen fremden Pflegeeltern zurückgesehnt. Darum hatte ihr der alte Erdgeist den Trunk des Vergessens nicht gegeben. Sie wusste noch heute, was sie draußen auf der Oberwelt erlebt hatte. Der Erdgeist war stets freundlich zu ihr, und Alma bekam alles, was sie sich nur wünschen konnte. Allein eines war ihr verboten: Keinem der Kinder, die der Alte in sein Schloss holte, durfte sie je erzählen, wie es oben aussah, denn dann wäre in ihnen die Erinnerung erwacht, und sie hätten wieder hinauf und zu ihren Eltern verlangt. Und ein zweites Mal hätte der Zaubertrunk nicht gewirkt. Mit den Jahren ging seine Wirksamkeit ohnehin langsam verloren, irgendwann sehnte sich jedes Kind nach Hause.

Aber der Geist ließ niemals eines wieder frei. Sobald er merkte, dass bei einem der Kinder die Sehnsucht erwachte, berührte er es mit einem Zauberstab – und verwandelte es augenblicklich in ein bewegungsloses Bild.

Nachdem Alma und die Kinder eine Weile mit gläsernen Puppen und Bällen und Tieren, die seltsamerweise unzerbrechlich waren, gespielt hatten, führte das Mädchen die beiden durch das ganze Schloss. Alle Räume waren maßlos groß, einer immer schöner als der andere, und alles, was darinnen stand oder lag, bestand aus ewigem Glaskristall. Überall hingen Kronleuchter von den Decken herab, und wenn sie im Lichterglanz erstrahlten, war das ein Blitzen und Funkeln, wie es sich herrlicher nicht denken lässt. Im letzten und prächtigsten Raum hingen rings an den Wänden lebensgroße Bilder von ungewöhnlich schönen Kindern in gläsernen Rahmen. Anton und Hanni konnten sie nicht genug bewundern und gingen immerzu von einem zum andern. Und wenn sie an allen vorbeigekommen waren, fingen sie noch einmal von vorn an. Alma aber war traurig, und ohne dass es ihre Schützlinge bemerkten, wischte sie sich heimliche Tränen aus den Augen. Denn all diese Bilder waren einst wirkliche Kinder gewesen, und Alma wusste das – hatte sie doch mit ihnen gespielt, gescherzt und gelacht, genau wie jetzt mit Hanni und Anton. Und nun waren sie unwiderruflich in Bilder gebannt … Wie lange möchte es wohl dauern, bis auch die Bilder der zwei Geschwister hier hängen würden?

Als die Kinder endlich genug hatten, geleitete Alma sie durch eine gläserne Tür auf eine breite Freitreppe, über die man in den Garten des Erdgeistes gelangte. Der war bunt und bezaubernd über alle Maßen: Alle Blumen glitzerten, wie

Der Zauberstab

wenn auch sie aus Glas gemacht wären, und zeigten die wunderbarsten Farben und Formen. Am rätselvollsten schienen die gewaltigen Glockenblumen, die sich beim kleinsten Lufthauch bewegten und ein nie gehörtes Klingen ertönen ließen. Mitten im Garten aber prangte ein großer ovaler Springbrunnen, der versprühte sein Wasser in kunstvollen Kaskaden nach allen Seiten. Jeder einzelne Tropfen flimmerte in sämtlichen Regenbogenfarben und blendete die Betrachter mit unglaublich glänzendem Widerschein, von versteckten Lämpchen erzeugt, deren Leuchten das Wasser von unten erhellte.

Die Kinder standen am Rand des ummauerten Wasserspiels, in dessen Mitte eine Fontäne bis in schwindelnde Höhen aufstieg. Etwas Schöneres als diesen Zaubergarten vermochten sich Anton und Hanni nicht vorzustellen. Abwechselnd sahen sie die Blumen und den Springbrunnen an und wussten nicht, was ihnen besser gefiel.

Da vergaß Alma ihren Kummer und freute sich mit den Kindern, denen sie all diese Herrlichkeiten zeigen durfte. Hin und wieder, wenn die beiden sich vor lauter Staunen und Bewunderung nicht lassen konnten, stieg der Erdgeist die Treppe zum Garten herab und trat zu ihnen. Bruder und Schwester streckten ihm glückselig die Hände entgegen und strahlten ihn an. Daran hatte der Alte das größte Vergnügen, nahm sie in seine starken Arme und sprang mit ihnen im Garten herum. Er war zu den Kindern wie ein guter fröhlicher Vater, der kein größeres Glück kennt, als seine Kinder zu erfreuen.

So lebten Anton und Hanni dahin, bis sacht die Zeit nahte, da der Zaubertrunk seine Wirkung verlor. Die Kinder hatten sich an alle sie umgebenden Wunder gewöhnt, ihre Freude ließ nach, und ein zaghaftes, noch unbewusstes Sehnen nach den Eltern und ihrem Zuhause keimte auf. Alma sah es zuerst. Sie wurde traurig und ernst – doch durfte der Erdgeist dies nicht merken! Je öfter sie daran dachte, dass jener bald seinen Zauberstab nehmen und die Kinder zu Bildern machen würde, desto stiller und entschlossener wurde sie. Denn gerade diese Kinder waren ihr so ans Herz gewachsen, dass sie Tag und Nacht auf einen Ausweg sann, Anton und Hanni vor dem bösen Zauber zu bewahren.

Heimlich schlich Alma zu dem gläsernen Schrank, in dem der Zauberstab lag. Man konnte ihn deutlich erkennen und Alma betrachtete ihn von allen Seiten. In einer goldenen Hülse steckte das eine Ende eines schwarzen Ebenholzstocks, der über und über mit Diamanten besetzt war. Zwar war der Schrank verschlossen, aber der Schlüssel steckte im Schloss. Der Erdgeist hatte Alma gewarnt: »Wenn du den Stab berührst, wird auch aus dir ein Bild.« Nahm er selbst den Stab zur Hand, trug er – das hatte Alma gesehen – stets einen Handschuh. Und auch dieser, durchscheinend wie Glas, lag im Schrank. Alma dachte nach: »Selbst wenn er mir viel zu groß ist, kann ich ihn vielleicht doch anziehen und den Zauberstab anfassen, ohne dass mir etwas passiert.« Aber wann sollte sie das wagen? Nur, wenn der Erdgeist wieder einmal am Abend auf die Jagd ging, denn sonst hätte er sie allzu leicht überraschen können, während sie sein Verbot übertrat. Vor allem bald musste es geschehen, denn der Tag der Verwandlung war nicht mehr fern.

Endlich stieg der Erdgeist eines Abends nach oben. Ein wenig später – Anton und Hanni schliefen schon – ging Alma zum Schrank, öffnete ihn und griff zuerst nach dem Handschuh. Sie schaute ihn prüfend an und merkte verwundert, wie klein er war! Er würde ihr wie angegossen passen. Mutig zog sie ihn auf die rechte Hand und nahm nun den Stab. Und der Handschuh schützte sie wirklich: Keine Spur von dem Zauber, der alle Kinder zu Bildern erstarren ließ! Alma besah sich den Stab noch einmal genau. Dabei entdeckte sie, dass der Ebenholzstock nur locker in der goldenen Hülse steckte. Sie griff mit der linken Hand nach dem Holz und zog es heraus. Augenblicklich durchfuhr sie ein Schauder: Was, wenn sie nun doch zu einem Bild verwandelt würde – sie hatte den Stab ja mit der bloßen Hand berührt! Aber nichts geschah. Der Handschuh auf der Rechten schützte sie ganz und gar. Erleichtert seufzte sie. Doch schon erlebte sie einen neuen Schreck: Beide Enden des Stabes glichen einander aufs Haar, und sie wusste nicht mehr, welches Ende in der Hülse gewesen war. Wenn sie den Stab verkehrt herum zurücksteckte, würde der Erdgeist das sicher merken und sie zur Strafe in ein Bild verwandeln. Sie wusste vor Angst nicht aus noch ein, aber irgendetwas musste sie tun! Denn lange dauerte es bestimmt nicht mehr, bis der Erdgeist von der Oberwelt heimkehren würde.

Schließlich machte Alma die Augen zu und steckte den Zauberstab in seine Hülse – ohne zu wissen, ob sie dies mit dem richtigen oder mit dem falschen Ende tat. Nur schnell in den Schrank mit dem vermaledeiten Ding! Sie legte den Stab ordentlich an seinen Ort, zog den Handschuh aus und auch der kam wieder dorthin, wo er gewesen war. Zu guter Letzt drehte sie den Schlüssel im Schloss um. Wie sie sich eben abwenden wollte, sah sie durch das Glas den Handschuh wachsen, bis er seine frühere Größe erreichte, sodass er dem Erdgeist wieder passte. Alma eilte davon und legte sich nieder.

Aber sie fand keinen Schlaf. Und nicht lange danach kam der Erdgeist zurück. Er trat leise zu Anton und Hanni, dann zu Alma. Sie tat als schliefe sie, und ohne Argwohn ging der Alte in sein eigenes Schlafgemach. Am nächsten Morgen aber sagte er, am Abend werde er wieder nach oben gehen. Da ahnte Alma, dass er die Absicht hatte, neue Kinder mitzubringen. Also wollte er die Geschwister gewiss noch an diesem Tag verwandeln.

Anton und Hanni standen recht traurig auf, denn sie hatten in der Nacht von ihren lieben Eltern geträumt. Beim Erwachen mochten sie kaum glauben, dass sie nicht zu Hause waren. Als sie dem Erdgeist begegneten, fiel ihnen wieder ein, wie er sie einstens im Walde mitgenommen hatte, und scheu wichen sie vor ihm aus. Das machte ihn zornig.

Er wandte sich dem Glasschrank zu, schloss ihn auf und zog den Handschuh an. Zitternd vor Furcht stand Alma bei den Kindern. Sie dachte gar nicht daran, was ihr selbst geschehen würde, wenn der Alte bemerkte, dass sie sein Verbot missachtet hatte. Aber es zerriss ihr das Herz, gleich auch diese zwei Kinder, die ihr so lieb geworden waren, als tote Bilder an der Wand hängen zu sehen … In ihrem Schmerz warf sie sich dem Erdgeist zu Füßen und bat ihn, Anton und Hanni in ihrer lebendigen Gestalt zu lassen. Doch er stieß sie ärgerlich beiseite, schritt geschwind auf die Kinder zu und berührte sie mit dem Stab.

Im selben Moment wurde er selbst in einen Felsblock verwandelt, und unter dumpfem Grollen tat sich darunter ein Erdspalt auf, in den stürzte er polternd hinein. Schloss und Zaubergarten verschwanden ebenfalls! An ihrer Stelle war eine weite Waldwiese ausgebreitet, darauf standen all die

Bilderkinder um Hanni und Anton und Alma im Kreis. Erstaunt schauten sie einander an und erkannten mit Freuden den Berggipfel wieder, auf dem sie ja alle vorzeiten gewesen waren.

Wie durch ein Wunder wusste ein jedes seinen Weg nach Hause. Alle dankten Alma und sagten ihr glücklich Lebewohl, ehe sie ihren Heimatorten zustrebten. Alma nahm Anton und Hanni bei der Hand und führte sie hinab ins Tal.

Als sie im Dorf ankamen, saßen die Eltern gerade auf der hölzernen Bank vor ihrem Haus und dachten, wie so oft, an ihre verlorenen Kinder. Da liefen die beiden ihnen entgegen und warfen sich glücklich in ihre Arme. Wie groß war die Freude der Eltern und Kinder! Sie herzten und küssten und umarmten einander und hätten bestimmt noch lange nicht damit aufgehört – aber plötzlich dachten die Geschwister an ihre Retterin und sahen, wie diese still abseits stand. Da baten sie die Eltern, doch auch die hilfreiche Freundin in ihre Familie aufzunehmen, und erzählten ihnen, wie lieb Alma stets gewesen sei und was sie alle drei bis zum Tag ihrer Erlösung erlebt hatten. Und was die Kinder nicht wussten, fügte Alma hinzu. Sie erzählte von dem gläsernen Schrank und dem Handschuh und dem Zauberstab, und wie sie ihn am Ende wohl falsch herum in die Hülse gesteckt habe, sodass seine Zauberkraft selber verzaubert war. Und deshalb konnte der böse alte Erdgeist die Kinder nicht mehr in Bilder verwandeln, sondern wurde selbst zu Stein.

Als die Eltern all das erfahren hatten, dankten sie dem fremden Waisenkind von Herzen. So froh wie an diesem Tag waren sie seit Jahren nicht gewesen. Nun wünschten sie sich selbst nichts sehnlicher, als dass Alma für immer bei ihnen und Anton und Hanni bleiben möge, und alle waren es zufrieden.

Und wenn sie noch leben ... ja, dann ... genießen sie bis heute ihr Glück.

Der hallesche Stadtwald – die »Heide« genannt – hatte es Marie und dem Großvater angetan. Fast in jedem Jahr waren sie mindestens einmal dort. Sie kannten die Wolfsschlucht und die Bischofswiese, die Steinerne Jungfrau bei Dölau und den Heidesee und viele weitere Winkel des Waldes. Manchmal hatte der Großvater versucht, Marie die Unterschiede zwischen den verschiedenen Pflanzen und Bäumen zu erklären. Aber sie hatte keine Lust dazu, sich all das zu merken. Der Wald war grün, die Vögel zwitscherten, Laub- und Nadelbäume konnte sie auseinanderhalten, außer den Pferden auf den Reitwegen waren ihnen größere Tiere noch nie begegnet – was wollte sie mehr?

In einem Jahr nun glänzten die Birken in ihrem frischen Frühlingslaub besonders schön. Ganze Alleen gab es davon! Das war den beiden bei ihren Wanderungen noch niemals aufgefallen. Sie konnten sich gar nicht sattsehen an der leuchtenden Pracht. Da blieb der Großvater mit einem Mal stehen und fragte das Kind: »Das Märchen vom Hexenhäuschen im Walde habe ich dir wohl noch nie vorgelesen?« – »Nein, bestimmt nicht. Daran würde ich mich doch erinnern, gerade jetzt, wo wir durch diesen Wald gehen, wie er ja im Märchen auch nicht schöner sein kann.« – »Schöner nicht«, gab der Großvater zu, »aber viel geheimnisvoller!

Du wirst schon sehen.« Doch diesmal fanden sie keine Bank für ihre Lesestunde. Es blieb ihnen nichts anderes übrig, als auf einer sonnigen Lichtung mitten im Wald das große, rotweißkarierte Taschentuch auszubreiten. Weil sie nun darauf saßen, musste der Großvater seine Kneifergläser ausnahmsweise mit einem Hemdzipfel blank wischen, ehe er zu lesen begann:

Das Hexenhäuschen im Walde

Da war mal eine rätselhafte, schöne junge Frau namens Kora, die wohnte allein in einem niedlichen kleinen Häuschen mitten im allertiefsten Wald. Dicht neben dem Häuschen gab es einen Teich, auf dem eine Menge Enten lebten, die Kora aufs Wort folgten. Wollte sie die Enten füttern, kamen diese – selbst wenn sie noch so weit entfernt waren – sofort angeflogen und angeschwommen, sobald sie gerufen wurden. Es war die reinste Freude mit anzusehen, wie alle die Enten Kora sehr lieb zu haben schienen ... Und doch verhielt sich in Wirklichkeit alles ganz anders.

Betrat ein Mädchen diesen Wald, so kam es nach einer Weile plötzlich an genau derselben Stelle wieder heraus, wo es hineingegangen war. Geriet aber ein junger Mann in den Wald, verirrte er sich bald darin und konnte keinen Ausweg finden. Solange er auch gehen mochte, er kam nur immer tiefer in den Tann, bis er gar nicht mehr wusste, wohin er sich noch wenden sollte. Dann vernahm er mit einem Mal einen wunderlieblichen Gesang, und er konnte nicht anders, als andächtig zu lauschen. Willenlos ging er den Tönen nach,

Hallesche Heide

in der vagen Hoffnung, die schöne Stimme zu finden. Denn wer so schön singen kann, mochte er wohl denken, wird mir vielleicht auch den Weg aus diesem Walde weisen.

Und es dauerte nicht lange, bis er das kleine Häuschen am Teich vor sich sah. In der Haustür stand Kora und sang und lächelte dem müden Wanderer zu. Der trat vor sie hin und erzählte ihr, er habe sich verirrt, und bat sie, ihm den rechten Weg zu zeigen. Kora aber lachte und sprach: »Nichts einfacher als das! Geh den Weg, an dessen Rand jeder dritte Baum eine hellleuchtende Birke ist. Diese Bäume zeigen dir, wie du wieder zurückfinden kannst.« Machte der junge Mann den Mund auf, um sich zu bedanken, war plötzlich alles vorbei: Kein Gesang erklang, die Tür des Häuschens war geschlossen und niemand in der Nähe zu sehen.

Gerade so war es Gabriel ergangen. Es wunderte ihn zwar, dass die hilfreiche junge Frau so schnell verschwand, doch er war dankbar für ihren Rat und machte sich erfreut auf den Weg mit den Birken. Die waren ihm zuvor überhaupt nicht aufgefallen – was er ein wenig seltsam fand, denn wirklich leuchtete jeder dritte Baum weithin! Er dachte aber nicht weiter darüber nach, sondern war froh, bald wieder aus dem Wald hinauszukommen. Schnell schritt er an den Birken entlang, der Weg indes wollte und wollte kein Ende nehmen. Gabriel war derweil müde geworden, aber er tröstete sich: »Ich bin lange umhergeirrt, ehe ich das Waldhäuschen fand. Dabei muss ich sehr, sehr tief in den Wald hineingeraten sein, und deshalb braucht es jetzt eine ziemliche Zeit, bis ich wieder herauskomme.«

Er ging und ging, aber der Weg blieb immer gleich und vom Waldrand war nichts zu sehen. Die Reihe der Birken setzte sich bis ins Unendliche fort. Schließlich schien es ihm, als wenn es vor ihm endlich heller würde – doch als er noch ein paar Schritte gegangen war, hörten zwar die Birken auf, aber anstatt dass er einen Blick ins Freie hätte tun können, wuchs vor ihm eine himmelhohe weißgraue Felsenwand empor. Der Weg führte in eine kolossale Höhle hinein. Davor lag eine stattliche Anzahl glatter Steine, die wie Bänke geformt waren und alle gleich aussahen. Gabriel war inzwischen so erschöpft, dass er sich niedersetzte, um auszuruhen. Und wohin er jetzt gehen sollte, wusste er ja auch noch nicht.

Als er nun eine Weile dagesessen hatte und vor Müdigkeit fast eingeschlafen wäre, sagte er sich: »Es hilft ja nichts, irgendwie muss ich irgendwohin weiterwandern ...«, und er schickte sich an wieder aufzustehen und Ausschau zu halten, wo denn nun der Birkenweg weiterginge. Doch es war ihm unmöglich, sich zu erheben, er kam nicht von der Stelle, so sehr er sich auch abmühte.

Verzweifelt saß er eine Weile still – bis aus der Höhle eine tiefe, raue Stimme an sein Ohr drang: »Wenn du von dem Stein loskommen willst, musst du deinen Blick fest auf den Höhleneingang richten, dabei aufstehen und geradewegs hineingehen. Drinnen musst du dann einen Monat lang schwer arbeiten, bevor dir endgültig die Freiheit geschenkt wird. Willst du das?«

Dazu hatte Gabriel nicht die geringste Lust, denn sein einziger Wunsch war es, aus dem Wald heraus und nach Hause zu gehen. Doch es gab wohl keine andere Möglichkeit, von dem Bankstein loszukommen. Deshalb dachte er leise bei sich: »Ich werde sagen, ich sei mit der Bedingung einverstanden. Aber sobald ich von dem Stein frei bin, laufe ich schnell weg.« Laut rief er in Richtung der Höhle: »Ja, ich will!« Kaum hatte er die Worte ausgesprochen, war er der steinernen Haft ledig, wandte sich um und nahm Reißaus.

Im Nu schoss vor ihm mit ohrenbetäubendem Zischen eine gewaltige Feuersäule aus der Erde hervor und riegelte den Weg ab. Versuchte Gabriel, links daran vorbeizukommen, züngelte ihm eine baumstammstarke überlange Schlange entgegen, die hatte sieben Hälse, auf deren jedem zwei Häupter mit giftzahnbewehrten Mäulern saßen. Probierte er es auf der rechten Seite, fauchte ihn ein riesiger Tiger mit drei Köpfen an und riss den dreifachen Rachen auf. Hier gab es kein Entrinnen.

Schicksalsergeben schlich er zur Höhle. »Armseliger Wurm!«, dröhnte ihm die bekannte Stimme in die Ohren, »du glaubtest wohl schlauer zu sein als ich? Jetzt komm hurtig in meine Höhle, mit dem dummen Fluchtversuch hast du schon viel zuviel Zeit verloren!«

So hatte Gabriel keine Wahl, er musste hinein. Das anfangs weite Höhlenportal setzte sich in einem Gang fort, der sich mehr und mehr verengte und überdies immer niedriger wurde, bis der unglückliche Mensch sich nur noch kriechend fortbewegen konnte. Endlich aber sah er Licht am Ende des Tunnels. Bald darauf hörte der Gang auf und Gabriel fand sich in einem weitläufigen hohen Felsendom wieder.

Inmitten der Halle stand ein Ungeheuer, mindestens dreimal so groß wie ein Mensch. Das hatte feuersprühende Augen, und ihm wuchsen mächtige Hörner aus der Stirn. Es trat einen Blasebalg, der war groß wie eine Ziege, damit erzeugte es auf einem mannshohen eisernen Schmiedeherd eine lodernde Feuersäule, die haargenau so aussah wie jene, die dem Wanderer auf der oberen Welt den Weg versperrt hatte. »Komm her, du elender Wicht«, brüllte es ihn an, »und tritt mir den Blasebalg!«

Das Scheusal selber war damit beschäftigt, lauter solche Monster zurechtzuschnitzen wie sie Gabriel schon neben der Feuersäule erlebt hatte. Überall lagen und standen furchterregende überdimensionale Tiger und Schlangen, Leoparden und Echsen herum. Und an diesem Ort sollte er es dreißig Tage aushalten?! Gabriel wäre nicht verwundert gewesen, wenn er erfahren hätte, dass vor ihm schon mancher Unglückliche allein beim Anblick dieser schrecklichen Kunstwesen vor Angst gestorben war.

Aber er fand sich mit dem Unvermeidlichen ab und trat einen ganzen Monat lang von früh bis spät fleißig den Blasebalg. Am Ende hielt das Ungeheuer Wort und ließ ihn ziehen. Leichten Herzens zwängte er sich diesmal durch den Tunnel – er wusste ja, dass draußen die Freiheit wartete. Als er jedoch aus der Höhle trat und wieder die endlose Birkenreihe erblickte, packte ihn ein unbändiger Zorn auf die junge Frau, die ihn so schnöde betrogen hatte. Stracks eilte er den langen Weg zurück und wollte sich an Kora rächen.

Nachdem er mehrere Stunden gegangen war, hörte er doch tatsächlich wieder dieselben wunderlieblichen Weisen! »Warte, du hinterhältige Hexe! Dir will ich den falschen Mund stopfen!« Er suchte einen kräftigen Ast, um sie gehörig zu verprügeln. Ohne sich etwas anmerken zu lassen, ging er langsam auf Kora zu. Die erkannte sogleich den Wanderer, der vor einem Monat schon einmal hier gewesen war. Und als sie den dicken Stock in seiner Hand sah, wusste sie auch, warum er ein zweites Mal kam. Dennoch blieb sie unbewegt in der Tür stehen, sang weiter und lächelte ihn an. Das schien ihm entschieden zuviel der Bosheit. Er hob den Stock und holte voll Ingrimm aus.

In diesem Augenblick traf ihn ein neuer Zauber, er wurde zu einer Ente und watschelte, als wäre es nie anders gewesen, wie die neunundzwanzig anderen gehorsam zum Teich. Sie alle waren irgendwann verirrte Wanderer gewesen, denen das Schicksal ebenso übel mitgespielt hatte wie Gabriel. – Kein argloser Betrachter des Teichidylls hätte ahnen können, dass die schöne junge Frau vor dem niedlichen Häuschen in Wahrheit eine böse Hexe war und dass alle zahmen Enten vorzeiten junge Männer waren, die sie ins Verderben gelockt hatte.

Und wieder nahte ein junger Mann, der sich im Hexenwald verlaufen hatte. Jonas hieß er und folgte wie Gabriel und all die anderen dem wunderlieblichen Lied. Wie jedes Mal stand Kora in der Tür und riet ihm, wenn er nach Hause wolle, den Birkenweg zu nehmen. Natürlich kam Jonas, wie seine Vorgänger, zu der weißgrauen Felsenwand mit dem Höhleneingang und sah die glatten Steine davor liegen. Auch er beschloss, hier erst einmal zu rasten. Doch als er sich niederlassen wollte, bemerkte er, dass alle Steine über und über mit kleinen Schnecken bedeckt waren, denn es hatte kurz vorher geregnet. Das war ihm recht eklig, und er blieb unschlüssig stehen.

Das Ungeheuer in der Höhle konnte ihn nicht sehen, aber es zweifelte nicht daran, dass er sich wie Gabriel und viele andere auf einen der Steine gesetzt hätte und jetzt nicht wieder loskommen könnte. Deshalb rief es nach einer Weile durch den langen Gang nach draußen: »Komm herein in meine Höhle!« Seine Stimme indessen klang nicht so rau und

Das Hexenhäuschen im Walde

brummig wie sonst, im Gegenteil, es war nur ein schwaches Stimmchen, das da nach Jonas rief. Der aber fasste sich ein Herz und schritt ohne zu zögern durch das Höhlenportal in den Gang hinein, der diesmal gar nicht enger oder niedriger wurde und auch sehr schnell in die Felsenhalle führte. Inmitten derselben stand ein winziges Männchen mit kleinen zusammengekniffenen Äuglein, aus denen es Jonas böse anfunkelte, seine Stirn zeigte zwei zierliche Hörnchen. Mit krächzender Stimme fuhr er den Eintretenden an: »Armseliges Menschengewürm! Komm her und tritt mir den Blasebalg!«

Jonas lachte und sagte unerschrocken: »Du könntest ein wenig höflicher sein. Und wenn du etwas von mir willst, musst du mich artig darum bitten!« Das Männchen ergrimmte und versuchte mit wutverzerrtem Gesicht, Jonas zu packen. Doch der glaubte an keinen Zauber, langte selber nach dem Männchen und hielt es mit eisernem Griff fest. Dann schritt er unbeirrt durch den Gang hinaus ins Freie, so sehr das Männchen auch plärrte und zappelte. Am Ende versuchte es, Jonas durch Feuersäule, Schlange und Tiger aufzuhalten – aber es brachte mit Mühe nur ein flackerndes Fünkchen, einen Regenwurm und ein Eichkätzchen zustande.

Da bekam es das Männchen mit der Angst zu tun und fragte kläglich: »Hast du etwa nicht auf einem der Banksteine gesessen, die vor der Höhle liegen?« – »Nein, das habe ich nicht«, gab Jonas zur Antwort, und das war die Wahrheit. Das boshafte Männchen fürchtete sich nun noch mehr. Über diesen Wanderer, der – warum auch immer – nicht auf seinen Steinen saß, war ihm keinerlei Macht gegeben. Nur Gabriel und all jene, die sich hier hatten ausruhen wollen, waren in seiner Gewalt.

Deshalb verlegte sich das Männchen aufs Bitten: »Lass mich doch wieder los! Ich zeige dir auch den Weg aus dem Wald.« – »Nein«, entgegnete Jonas, »zuerst muss ich zurück zu dem Waldhaus, um die böse junge Frau zu bestrafen, die mir den falschen Weg gezeigt hat. Und dich, der du so viele Menschen auf dem Gewissen hast, werde ich in ihrem Teich ersäufen!« Das Männlein schrie Zeter und Mordio: »Hüte dich! Kora ist meine Tochter. Wenn du ihr auch nur ein Härchen krümmst, wirst du in eine Ente verwandelt und schwimmst wie die anderen Enten bis ans Ende deiner Tage auf dem Teich herum!«

Jonas jedoch erwiderte: »Ich weiß, dass euer Zauber nicht auf mich wirken kann. Ich merke ja ganz genau, dass ihr keine Gewalt über mich habt, weil ich nicht auf den Banksteinen saß. Ich werde ohne fremde Hilfe allein den Weg aus dem Wald zu finden wissen.«

Mittlerweile waren sie dem Häuschen am Ententeich schon sehr nahe. Und man mag es glauben oder nicht: Schon wieder ertönte der wunderliebliche Gesang! Jonas hatte aber seine Hände nicht frei, um einen Prügelstock zu suchen. Daher packte er ohne Zaudern den hässlichen Zwerg bei den Beinen und schlug mit aller Kraft auf die böse Kora los. Sofort fielen beide tot zu Boden, es gab einen ungeheuren Donnerschlag, und das Hexenhaus war nicht mehr da. Jonas warf die toten Zauberwesen in den Teich. Das Wasser brodelte hoch auf, und es erschien ein riesenhafter schwarzer Schlangenkopf, in dessen Maul man gerade noch die Hexe und den Zwerg verschwinden sah. Kaum hatte das Vieh seine grausige Mahlzeit verschlungen, ertönte ein zweiter Donnerschlag, und nun gab es auch keinen Teich und keine Enten mehr.

An ihrer Stelle standen dreißig junge Männer, die einander fragend und frohgemut betrachteten und sich freuten, endlich erlöst zu sein. Jonas und Gabriel gingen voran, und mit einem Mal war es leicht, den richtigen Weg zu finden: Der finstere Wald war hell und licht geworden, man konnte von einem Ende bis zum anderen sehen, alle Pfade waren breit und gerade, dort entlangzuwandern war für alle eine Lust.

Und wenn sie noch leben ... ja, dann ... genießen sie bis heute ihr Glück.

Marie hatte ganz gespannt gelauscht, ohne den Großvater ein einziges Mal zu unterbrechen. Er hatte schon vor einer Weile aufgehört zu lesen, das Buch zugeklappt und in der inzwischen recht fadenscheinig gewordenen, aber durchaus noch brauchbaren Segeltuchtasche verstaut, während Marie weiterhin ängstlich auf den Waldrand am anderen Ende der Lichtung blickte, als könne dort jeden Moment das Ungeheuer aus dem Märchen auftauchen. Würde es das große zauberkraftvolle oder nur das kleine schwächliche sein – wer weiß?

Endlich stupste der Großvater Marie an und sagte: »Komm, es wird Zeit. Du weißt doch, dass die Oma ungehalten wird, wenn sie mit dem Essen warten muss.« Marie stand langsam auf und sagte noch immer nichts. Am liebsten hätte sie den Großvater gebeten, einen Rückweg ohne Birken zu suchen, so unheimlich war ihr zumute. Als sie doch eine der Birkenalleen entlangschritten, die geradewegs in Richtung der Gaststätte »Zum Waldkater« und der Endhaltestelle der Straßenbahnen Nummer 4 und 24 führte, da hätte es Marie nicht überrascht, wenn der Weg plötzlich vor einer hohen Felsenwand zu Ende gewesen wäre – so sehr hielten Kora und die Zauberwesen, Gabriel, Jonas und die seltsamen Enten ihre Gedanken gefangen.

Da gerade Frühlingsferien waren, musste Marie auch am nächsten Tag nicht in die Schule. Das Wetter war ebenso sonnig und warm wie an den Tagen zuvor, darum beschloss der Großvater, dass sie wieder einmal den ganzen Tag für ihre Wanderungen nutzen wollten. Das gaben sie bekannt, bevor sie gingen, damit wirklich niemand vor dem Abend auf sie warten würde.

Zuerst fuhren sie mit der Linie 3 bis zur Endhaltestelle Trotha am nördlichen Rand der Stadt. Der Großvater nahm Marie bei der Hand, ging mit ihr durch die Pfarrstraße und über die geschwungene Brücke zum Saalewerder. Was sie da sahen, hätte mehr noch als die Heide ein Zauberwald sein können, so wild und dicht schien die Natur dort ungestört zu wachsen. Nicht einmal richtige Wege gab es. Und so machten sie bald kehrt. Eine Weile blieben sie am Trothaer Wehr stehen und schauten zu, wie das bräunliche Wasser unablässig durcheinandergequirlt wurde. Am anderen Ufer sahen sie die Ruine der alten Papiermühle stehen, und Marie erfuhr, dass es Mühlen gab, in denen kein Mehl gemahlen wurde.

Dann spazierten sie am Nordbad vorbei, das Anfang Mai natürlich noch nicht geöffnet war, zu den Klausbergen hin, die sich hoch über dem Ufer der Saale erhoben. Hier entdeckten sie, was der Großvater schon lange gesucht hatte: die Eichendorff-Bank! Verse des Dichters waren in den Stein gemeißelt: »Da steht eine Burg überm Tale / und schaut in den Strom hinein, / Das ist die fröhliche Saale, / Das ist der Giebichenstein ...« Das wäre wohl eine schöne Gelegenheit zum Lesen gewesen, zumal man von hier oben einen wunderschönen Ausblick ins Saaletal genießen konnte. Doch die beiden waren schon viel herumgewandert und verspürten erst einmal mächtigen Hunger. Bergab und über die Kröllwitzer Brücke gelangten sie bis zu einem Gasthaus in der Talstraße, das hieß »Krug zum grünen Kranze«. Dort setzten sie sich an einen Tisch vorn am Wasser und hatten die herrlichste Sicht auf die Burg Giebichenstein. Der Großvater bestellte zwei Portionen Erbsensuppe mit Bockwurst, dazu für sich ein großes Glas Bier und rote Fassbrause für Marie.

»Hier«, sagte der Großvater und zeigte auf den Fluss, »hätte man keine Mühle hinbauen können, weder eine Papiermühle noch eine für Getreide. Das Wasser fließt viel zu langsam und hat nicht die nötige Kraft.« Und er erklärte Marie, die bisher keine anderen als Windmühlen, und auch die bloß von weitem, gesehen hatte, wie eine Wassermühle funktioniert. Sie hörte aber nur halb zu und blickte ungeduldig auf die Tasche mit dem Buch. Wozu sollten sie den ganzen Tag weg gewesen sein, wenn sie nicht einmal ein Märchen zu hören bekam?

»Ich merke schon, dass dich Mühlen nicht interessieren. Aber wie wäre es, wenn ich ein Mühlenmärchen in meinem Buch hätte?« Ja, das war nun etwas anderes. Der Großvater durfte seinen Mühlenvortrag zu Ende bringen, Marie gab sich Mühe, aufmerksam zu folgen, wusste sie doch jetzt, dass danach endlich das ersehnte Märchen an die Reihe

Mühle und Moritzburg

käme. Und das war wieder eins von den besonders gruseligen! Aber da es noch heller Tag war und die Sonne freundlich schien, wollte Marie sich nicht fürchten. Und alles kam ja, obwohl es am Anfang gar nicht danach aussah, doch zu einem guten Schluss:

Die Mühle

Da war mal tief in den Bergen eine alte Wassermühle, die an einem kleinen Gebirgsfluss lag. Darin arbeiteten ein alter Mann und sein Sohn mit Namen Johann. Vor Jahren, als Johann noch ein Knabe war, gab es dort auch zwei Müllergesellen. Aber das war lange her; seitdem einer der beiden verschwunden war, wollte sich hier niemand mehr verdingen. Schlimmer, als dass Vater und Sohn keine Hilfe mehr hatten, war: Sie mussten selber das Korn zum Mahlen aus den Dörfern holen, die teils weit abgelegen waren, und danach den Bauern das Mehl bis zu ihren Höfen bringen. Denn seit dem unerklärlichen Verschwinden jenes Müllerburschen wagte sich niemand mehr auch nur in die Nähe dieser Mühle. Es hieß, dort sei es nicht geheuer. Und das kam so:

Als damals alles Suchen vergeblich geblieben war, vermutete man zunächst, der Müller selbst hätte seinen Gesellen umgebracht und klagte ihn des Mordes an. Weil ihm aber nichts zu beweisen war und sogar der zweite Müllergeselle aussagte, er glaube auf keinen Fall, dass der Müller mit der Sache etwas zu tun habe, ließ man diesen wieder frei. Doch von Stund an ging es in der Mühle um. Jeden Morgen, wenn der Müller die Mühle betrat, stand keiner der Kornsäcke an dem Platz, wo er ihn am späten Abend hatte stehen lassen – alles Getreide war vermahlen, das frische weiße Mehl sauber in neue Säcke gefüllt und diese zu den anderen Mehlsäcken gestellt. Obwohl er sich nun nicht mehr so plagen musste wie vorher, kam das dem zweiten Müllerburschen doch gar zu seltsam vor. Bald packte er sein Ränzlein, verließ die Mühle und zog wer weiß wohin. Und seither war kein anderer gekommen. Ehe einer überhaupt bis zur Mühle gelangte, hörte er schon überall von den Bauern in der Gegend, es gehe in der Mühle nicht mit rechten Dingen zu. So machten sie einen weiten Bogen darum und suchten anderswo ihr Brot zu verdienen. Die Bauern indessen mussten, da es weit und breit keinen anderen Müller gab, ihr Getreide weiter von ihm mahlen lassen; nur es ihm selber hinzubringen, den Mut hatte niemand mehr – zu sehr gruselte es sie.

Inzwischen kam der Müller ja auch ohne Hilfe aus. Tagsüber arbeitete sein Sohn mit, nachts mahlte wer weiß wer das Korn. Früher hatte der Müller ein Zimmer unmittelbar neben der Mühle bewohnt. Dies hatte ein Fenster zum Mühlenraum, so dass er stets sah, was dort vor sich ging. Das war schon von seinem Großvater so eingerichtet, damit der Müller, auch wenn er nicht selber in der Mühle war, stets sehen konnte, ob seine Gesellen auch fleißig bei der Arbeit waren. Seitdem es aber in der Mühle umging, mied der alte Müller dieses Zimmer und schlief in einem anderen Raum.

Zuerst hatte er noch ab und zu daran gedacht, nachts durch das Fenster die Mühle zu beobachten, um herauszufinden, was dort eigentlich passierte, aber er brachte nicht den Mut dazu auf. Im Gegenteil, er hängte das Fenster zu und stellte in der Mühle zwei große Bretter davor. Und damit die nicht umfallen konnten, schob er zwei Reihen Mehlsäcke davor. Als er es trotzdem Nacht für Nacht in der Mühle rumoren hörte, betrat er das Zimmer gar nicht mehr, sondern dachte: Falls sich später doch mal wieder ein Geselle hierher verirrt, kann der darinnen schlafen.

So verstrich die Zeit – bis sich tatsächlich eines Tages ein junger, kräftiger Müllergeselle namens Thomas einfand, um in den Dienst des Müllers zu treten. Auch ihm hatten die Leute warnend von dem Mühlenspuk erzählt, aber er war mutig, und die Gruselgeschichte reizte ihn gerade. »Ich will doch sehen, ob ich nicht ausforschen kann, was es mit dieser Mühle auf sich hat«, dachte er und pochte entschlossen an die Mühlentür. Als der Müller ihm öffnete und hörte, er wolle bei ihm arbeiten, traute er seinen Ohren kaum. »Komm herein«, sprach er zu dem Fremden, »Du sollst es gut bei mir haben und ein schönes Zimmer bekommen, es wird dir gefallen.« Da trat Thomas ein und ließ sich das Zimmer zeigen. »Heute brauchst du noch nicht zu arbeiten«, sagte der alte Müller, »ruh dich nur erst einmal von deiner langen Reise aus. Dein Dienst in der Mühle beginnt morgen früh um fünf, auch mein Sohn wird dann schon dort sein.«

Und so geschah es. Am Abend, nachdem Vater und Sohn ihre Arbeit beendet hatten, aßen die drei Männer gemeinsam ihr Abendbrot. Der neue Geselle langte kräftig zu, denn er war hungrig von seiner langen Wanderung. Dann wünschten sie einander eine gute Nacht. Endlich mit Johann allein, sprach sein Vater zu ihm: »Ich bin doch sehr gespannt, wie unser neuer Geselle im Zimmer neben der Mühle schlafen wird. Hoffentlich läuft er nicht gleich wieder davon, wenn er es in der Nacht rumoren hört.«

Die Mühle

Am nächsten Morgen stand Thomas pünktlich um fünf in der Mühle bereit und begann, zusammen mit dem alten Müller und dessen Sohn, gut gelaunt sein Tagewerk. »Er wird so müde gewesen sein, dass er nichts gemerkt hat«, sprach der Alte zu Johann, und so war es. Thomas hatte eigentlich gleich in der ersten Nacht genau aufpassen wollen, aber vor lauter Müdigkeit war er schnell und tief eingeschlafen und hatte gar nichts gehört. Als sein erster Arbeitstag zu Ende ging, glaubte er kaum noch an das, was er von den Leuten gehört hatte. »Wer weiß, ob überhaupt wahr ist, was sie mir erzählt haben. Aber ich will mir heute mehr Mühe geben und länger wach bleiben.« Doch als er dann im Bett lag, das war so gegen neun, schlief er wieder ganz schnell ein. Zwei Stunden später indes schreckte er hoch: Die Mühle war wirklich und wahrhaftig im Gange! Schnell zog er sich an und eilte zu erfahren, wer da wohl bei der Arbeit war. Er kam jedoch nicht in die Mühle hinein, die Tür war verschlossen. Deutlich hörte er, dass jemand Getreide auf die Mühlsteine schüttete. Es blieb ihm nichts übrig, als in sein Zimmer zurückzukehren. Dort legte er ein Ohr an die Wand und lauschte. Es schien ihm, als kämen die Geräusche mehr von oben her. Er zündete sein Nachtlicht an, setzte sich auf den Bettrand und spähte umher. Nirgendwo war etwas Besonderes zu entdecken. Nur über seinem Bett, das an der Wand zur Mühle stand, hing ein großes Bild, das zeigte eine Waldlandschaft im Mondenschein. Mit einem Mal hörte er in der Ferne eine Kirchturmuhr zwölf Mal schlagen. Und mit dem letzten Glockenschlag stand die Mühle still.

Thomas legte sich wieder nieder und dachte: »Mal sehen, ob ich nicht herausbekommen kann, wo der Müller des Nachts den Mühlenschlüssel aufbewahrt. Wenn er ihn nicht gerade mit ins Bett nimmt, will ich morgen Nacht in die Mühle gehen.« Schnell war er eingeschlafen. Eine Stunde später jedoch rumorte es erneut nebenan. Da er aber wusste, er käme ja doch nicht hinein, zog er sich die Decke bis über die Ohren und schlief weiter, so gut es eben ging. Am Morgen war er so müde, dass er nicht wie sonst von allein wach wurde, als es zu dämmern begann – Johann musste ihn wecken. Thomas erzählte ihm aber nichts von seinen nächtlichen Beobachtungen. Den Tag über geschah nichts Ungewöhnliches. Am Abend sah er, dass der alte Müller den Schlüssel zur Mühlentür wirklich mit in sein Zimmer nahm. Es würde schwer sein, irgendwie in die Mühle zu kommen.

Draußen war ein starker Wind aufgekommen, und als der Geselle sich auszog, um schlafen zu gehen, heulte ein richtiger Sturm ums Haus. Eben wollte er das Nachtlicht löschen, da fiel sein Blick wieder auf die Waldlandschaft über seinem Bett. Und plötzlich wurde er gewahr, dass das Bild leise, aber unaufhörlich an die Wand klapperte. Das fand er merkwürdig. Er stellte sich auf sein Bett und nahm das Bild vom Nagel. Wie staunte er, als dahinter ein Fenster zum Vorschein kam! Das musste doch zum Mühlenraum führen – wieso hatte er es von dort aus noch gar nicht bemerkt? Nur weil es heute so windig war, hatte die Zugluft das Bild vor dem Fenster bewegt. Thomas stellte es behutsam beiseite und wollte durch das Fenster schauen. Doch auf der anderen Seite war nichts zu sehen: Zwei große Bretter versperrten die Sicht. Ja, jetzt erinnerte er sich: Die habe ich stehen sehen, und davor noch zwei Reihen Mehlsäcke. Er nahm sich vor, die Säcke am nächsten Tag in der Mittagspause ein Stück wegzurücken, damit er in der kommenden Nacht von seiner Kammer aus die Bretter zur Seite schieben und durch das geheime Fenster in die Mühle klettern konnte. Dort würde er sich verstecken und endlich erfahren, wer oder was da spukte. Zufrieden hängte er die Waldlandschaft wieder an ihren Platz, stopfte sich Watte in die Ohren und schlief tief und traumlos bis zum Morgen.

Fröhlich und pünktlich fand er sich zum Arbeitsbeginn ein. Zur Mittagszeit ließ er den alten Müller mit seinem Sohn zuerst hinausgehen und sagte: »Ich will nur noch ein paar Säcke fortschaffen und komme gleich nach.« Er rückte die Säcke ein Stück von den Brettern weg und war sicher, dass er in der Nacht würde in die Mühle kommen können. Laut pfeifend ging er zum Essen. »Du hast ja heute so gute Laune«, sagte Johann und fragte, »gibt es dafür einen Grund?« – »Warum sollte ich nicht guter Dinge sein?«, gab Thomas zur Antwort, »ich habe es bei euch so gut getroffen, und die Sonne lacht schon seit dem frühen Morgen, nachdem es gestern Abend so stürmisch war. Da kann man nicht anders, als auch selber frohgemut zu sein.«

In Wirklichkeit aber konnte er den Abend kaum erwarten. Und es kam ihm gerade recht, dass der Müller nach dem Essen nicht gleich schlafen gehen, sondern noch mit seinem Sohn und ihm als neuem Gesellen schwatzen wollte. Er brauchte also nicht zu fürchten, vorzeitig einzuschlafen und sein Vorhaben zu verpassen. Es war schon zehn Uhr vorbei, als sie einander eine »Gute Nacht« wünschten und jeder in seine Kammer ging.

Kaum hatte Thomas die Tür hinter sich geschlossen, nahm er das Bild von der Wand, öffnete das Fenster zur Mühle, schob die Bretter beiseite und sprang behände auf die Mehlsäcke hinab. In der gegenüberliegenden Ecke lag ein Stapel alter, leerer Säcke, dahinter versteckte er sich und konnte von da aus den ganzen Raum gut überblicken. Neben ihm war ein anderes Fenster, das führte nach draußen und gab den Blick auf das große hölzerne Wasserrad frei, das sich an diesem Tag besonders flink gedreht hatte und dies noch immer tat. Da Vollmond war, sah der Geselle alles überdeutlich – doch noch ahnte er nicht, dass er gerade hier Überraschendes zu sehen bekommen sollte. Mit Ungeduld wartete er darauf, dass die ferne Kirchturmuhr endlich elfmal schlug.

Kaum vernahm er ihren Klang, da ratterten die Mahlsteine los. Doch so sehr er die Augen aufriss, zu sehen war niemand. Plötzlich aber ruckte einer der Getreidesäcke in die Höhe, ungefähr so, als ob ihn sich jemand auf den Rücken lüde. Dann bewegte sich der Sack, ein wenig schwankend, wie wenn ihn einer trüge, auf unsichtbaren Beinen bis zu dem großen Trichter hin, der das Korn auf die Mahlsteine gleiten ließ. Dort angekommen, stellte sich der Sack auf den Fußboden, band sich auf, schwebte nach oben bis zum Trichterrand, entlud sich, klappte leer zusammen und flog plötzlich, als hätte ihn jemand geworfen, in die Richtung des Müllergesellen. Genau vor Thomas blieb er auf den anderen leeren Säcken liegen. Schon machte sich ein zweiter Getreidesack auf seinen wundersamen Weg, und so ging es immer fort. Irgendwann endete dieser Spuk. Nun wanderte ein sauberer leerer Sack dahin, wo das frisch gemahlene weiße Mehl herauskam. Er tat sich auf und ließ das Mehl in sein Inneres laufen. Als er gefüllt war, band er sich selber zu, fuhr in die Höhe und zu einem Stapel voller Mehlsäcke hin, wo er ordentlich in der Reihe der übrigen einen Platz einnahm.

All das wiederholte sich viele Male – bis die Mühle unvermittelt stille stand. Es wird wohl inzwischen Mitternacht sein, dachte Thomas, und weil es in der Mühle nichts mehr zu sehen gab, schaute er aus dem Fenster hinaus auf das Wasserrad, das sich wie immer unermüdlich drehte. Hell glitzerte das spritzende Wasser im Mondlicht. Doch halt, was war denn das? Da schritt eine durchsichtige Gestalt auf den Schaufeln des Rades einher! Es schien, als wollte sie hinab, aber sie kam nicht vom Fleck, weil das Rad sich in der anderen Richtung drehte. Vergebens mühte sich da jemand ab, mit seinen Schritten das Wasserrad zum Stehen zu bringen, setzte die Füße kraftvoll und mit Schwung abwechselnd auf die entgegenkommenden Radschaufeln und brachte doch nichts zuwege. Neugierig schaute Thomas zu und überlegte, was das wohl zu bedeuten habe. Plötzlich aber war die Gestalt verschwunden – und im selben Moment fingen die Mühlsteine wieder an zu rattern; alles, was er gesehen hatte, wiederholte sich. Diesmal dauerte es sogar zwei Stunden lang. Erst als die ferne Kirchturmuhr dreimal schlug, war endgültig Ruhe. Auch draußen gab es nun nichts mehr zu sehen: Das Rad drehte sich unverdrossen, der tief stehende Mond ließ die Wassertropfen in seinen Strahlen blinken, die seltsame Gestalt indessen tauchte nicht noch einmal auf.

Eilig kletterte Thomas durch das Fenster zurück in seine Kammer, hängte das Bild an seinen Platz, zog Hemd und Hose aus und legte sich ins Bett, um wenigstens noch zwei Stunden zu schlafen, ehe es wieder Zeit war, mit der Tagesarbeit zu beginnen. Doch was er gesehen hatte, ließ ihn nicht zur Ruhe kommen. Er grübelte und grübelte, was es wohl damit auf sich haben könne. In der nächsten Nacht zwischen zwölf und eins in der Frühe würde er das Wasserrad von draußen in Augenschein nehmen. Bestimmt könnte er dann genauer sehen, was für eine Gestalt dort ihr Unwesen trieb und vielleicht sogar mit ihr reden. Ehe er sich versah, dämmerte der Morgen. Thomas stand auf und ging an die Arbeit. Die fiel ihm schwer nach dieser Nacht ohne Schlaf, er musste sich große Mühe geben, damit der Müller von seiner Müdigkeit nichts merkte. Die Zeit bis zum Abend schien viel langsamer zu vergehen als sonst. Als es endlich soweit war, beschloss er, mit seinem Plan doch lieber noch zu warten und erst einmal eine Nacht richtig zu schlafen. Und er war so müde, dass er einschlief, ehe er sich Watte in die Ohren stecken konnte. Trotzdem schlief er bis zum Morgen wie ein Bär im Winterschlaf – ohne von dem allnächtlichen Mühlenspuk auch nur die kleinste Kleinigkeit zu hören.

Am Abend darauf ging er erst gar nicht zu Bett. Schon vor elf Uhr schlich er sich vorsichtig – er wollte ja auf keinen Fall jemandem begegnen – aus dem Haus und tappte leise über den Hof. Als er langsam das Hoftor öffnete, schlug ihm sein Herz bis zum Hals vor Angst, das Tor könnte knarren. Aber es war gut geölt und gab keinen Laut von sich. So gelangte Thomas unbemerkt hinaus und auf einem schmalen Pfad um das Wohnhaus herum und über den Brückensteg bis zum Wasserrad. Im Gesträuch versteckte er sich. Kaum hatte er das getan, lärmten die Mahlsteine los – ohne dass er von hier draußen sehen konnte, was drinnen geschah. Geduldig erwartete er die Mitternacht.

Endlich wurde es in der Mühle still, und wie er gehofft hatte, erschien die durchsichtige Gestalt auf dem Wasserrad und trat die Schaufeln wie in der vorvorigen Nacht. Thomas besah sich das eine Weile und schaute dabei die Gestalt genau an. So entdeckte er, dass ihr die rechte Hand fehlte. »Das ist wirklich sehr merkwürdig«, dachte er, »ob ich nicht doch einmal versuche, mit diesem gespenstischen Wesen ins Gespräch zu kommen?« Er nahm allen Mut zusammen und rief aus seinem Versteck: »Hör mal, du auf dem Wasserrad! Wer bist du, und was machst du da?« Und sogleich bekam er zur Antwort: »Ich bin der Müllergeselle, der hier vor fünfzehn Jahren verschwunden ist. Ich bin damals auf dem regenglatten Brückensteg ausgerutscht und abgestürzt. Das Wasserrad hat mich zu Tode gerädert. Und weil der Fluss vom Regen übervoll war, hat er alle meine Gebeine mit sich weggeschwemmt. Nur meine rechte Hand wurde, weil ich mich in letzter Sekunde noch festhalten wollte, im Rad eingeklemmt und dort steckt sie immer noch. Darum finde ich keine Ruhe und muss jede Nacht drei Stunden in der Mühle arbeiten. Nur zwischen zwölf und eins darf ich versuchen, das Wasserrad anzuhalten und zurückzudrehen. Erst wenn meine Hand da herausfallen und vom Wasser weggespült werden kann wie alles Übrige, bin ich erlöst.« Da trat Thomas aus seinem Strauch heraus und sah den armen Geist voll Mitleid an: »Du wirst das Wasser ableiten müssen, sonst bringst du das Rad niemals zum Stehen oder gar Rückwärtsdrehen«, sagte er. Noch immer ohne Unterlass die Schaufeln tretend, entgegnete der Geist des unglücklichen Müllergesellen: »Du hast gut reden. Mir aber bleibt Nacht für Nacht nur eine Stunde, danach muss alles wieder so aussehen wie zuvor. Nie und nimmer reicht diese Zeit, um einen Graben auszuheben, das Wasser abzuleiten, das Rad rückwärtszudrehen und schließlich den Graben wieder zuzuschütten, damit das Wasser fließt wie zuvor! Und all das mit nur einer Hand! Wenn du mir aber helfen willst, so grabe den Graben, du hättest doch genug Zeit dafür. Willst du das für mich tun?« – »Ja, herzlich gern«, stimmte Thomas sofort zu, »aber nun komm herunter, du bringst das Rad ja doch nicht zum Stillestehen.« – »Das ist einerlei«, kam die Erwiderung von oben, »ich muss jede Nacht meine Arbeit tun und mich abmühen – ob es etwas nützt oder nicht –, solange, bis mir ein mitfühlender Mensch hilft.« Da versprach ihm Thomas, den Graben zu graben, damit der Unselige endlich seine Ruhe fände.

Von nun an grub Thomas jede Nacht eine Stunde an einem langen Graben. Er musste ihn ja weit wegführen von der Mühle, damit er unbemerkt blieb; und so dauerte es fast einen Monat, bis der Graben fertig war. Wieder schien der Vollmond, und es war die Stunde zwischen Mitternacht und eins, als Thomas endlich das Wasser des Flüsschens ableitete und das Wasserrad mit einem Male stille stand. Und auch die durchsichtige Gestalt rührte sich nicht mehr, aber sie rief Thomas zu, als er näher kam: »Nimm eine Stange und drehe behutsam das Rad zurück!« Kaum war das geschehen, knirschte und knackte es inwendig im Wasserrad und plötzlich fiel die Hand, die so lange darin festgesteckt hatte, heraus und in das trockene Flussbett hinein. Zugleich und auf dieselbe Stelle stürzte der Geist des Müllergesellen von den nunmehr unbeweglichen Wasserradschaufeln herab. »Ich danke dir!« war das Letzte, was er sprach, »nun leite schnell das Wasser aus dem Graben zurück. Du musst damit unbedingt, bevor die Uhr einmal schlägt, fertig sein!«

In Windeseile lief Thomas dahin, wo der lange Graben begann, öffnete den Zugang zum Flussbett und schüttete die

Abflussstelle wieder zu. Da rauschte das Wasser wie vorher über das Rad und drehte es wie eh und je. Die Überreste des Müllerburschen aber trug es spurlos mit sich fort.

Es war schon eins vorbei, als Thomas zurück in seine Kammer eilte. Eine Weile horchte er noch, aber nichts regte sich mehr in der Mühle. Tief und traumlos schlief er bis zum Morgen. Und als sie zu dritt die Mühle betraten, sahen sie sofort, dass in der Nacht viel weniger gearbeitet worden war als sonst. Der alte Müller und sein Sohn waren verwundert. Da hielt Thomas es nicht länger aus und erzählte ihnen alles, was er seit seinem Dienstantritt bis zur letzten Nacht in der Mühle erlebt hatte. Johann und sein Vater hörten aufmerksam zu und wussten nicht recht, ob sie sich freuen sollten, dass der Spuk endlich ein Ende hatte, oder sich ärgern, weil es die gewohnte nächtliche Hilfe nicht mehr gab. Sie redeten hin und redeten her und waren am Ende einig, es sei doch besser, wenn nun wieder alles mit rechten Dingen zugehe und niemand sich mehr zu fürchten brauchte. Auch die Bauern in den umliegenden Dörfern würden bald erfahren, dass der Spuk vorbei war und ihr Korn wie früher selbst in die Mühle bringen.

So war es wirklich, und noch mehr geschah: Thomas schnürte sein Bündel und wanderte weiter. Es kamen andere Müllergesellen und verdingten sich gern in dieser Mühle, wo sie ein gutes Auskommen fanden. Johann, der schon lange vergebens eine Frau gesucht hatte, weil keine in einem Spukhaus die Müllerin sein mochte, war unverhofft der Traum aller ledigen Bauerntöchter im Umkreis von hundert Meilen. Die reichste nahm er nicht, die schönste auch nicht, aber eine, die ihm schon immer gefiel, weil sie lieb und freundlich zu ihm war, sobald ihre Eltern es nicht sahen. Denn nie und nimmer hätten die zugestimmt, ihr einziges Kind an den Erben der Spukmühle zu verlieren. Jetzt jedoch war alles anders und sie gaben dem jungen Paar ihren Segen gern. Der alte Müller freute sich ebenso, setzte sich zur Ruhe und wartete ungeduldig auf die Enkelchen.

Und wenn sie noch leben ... ja dann ... genießen sie bis heute ihr Glück.

Im Jahr darauf war Fliederzeit, als der Großvater nach Halle kam. Und die ist am allerschönsten im Zoologischen Garten auf dem Reilsberg im Norden der Stadt. Wieder nahmen sie die Straßenbahnlinie 3. Aber sie stiegen diesmal erst am Moritzburgring ein, denn vor dem Zoobesuch wollte der Großvater Marie unbedingt die zwei schönen Bronzelöwen vor dem Hauptgebäude der Universität zeigen. »Die bewachen die Weisheit und passen auf, dass nur gute und kluge Menschen durch die Türen gehen. Wenn du in der Schule fleißig lernst, lassen sie dich später sicher auch hinein.« Marie hätte gern gewusst, wie die Wächter wohl böse oder dumme Leute daran hindern könnten, an ihnen vorbei zur Weisheit zu gelangen. Weil es aber mit ihrem Schulfleiß nicht weit her war, fragte sie lieber nicht.

Von der Haltestelle Zoo war es nicht weit bis zum Eingangstor in der Tiergartenstraße mit den zwei dicken Türmen rechts und links. Für Kinder und Großväter galt der Eintrittspreis von 40 Pfennigen. Gleich hinter dem Eingang waren die Bärengehege. Natürlich sahen die Tiere anders aus als Maries hellblauer Teddy, den sie zu ihrem dritten Geburtstag bekommen hatte und immer noch jeden Abend mit ins Bett nahm. Trotzdem war das Mädchen hellauf begeistert, als sie vor den braunwolligen Zottelpelzen stand, die mit einem alten Gummireifen spielten. Um die Ecke lebten die Eisbären, sie patschten in einem kleinen Wasserbecken herum und gähnten alle paar Minuten. Und die schwarzen Kragenbären, die sich pausenlos durch ihren Käfig kugelten, so dass man immer wieder ihr putziges weißes Kragenfell aufblitzen sah! Der Großvater wartete eine Zeit, bis er ungeduldig wurde. Er wollte endlich zu den richtigen Löwen. Doch nicht einmal sein Hinweis, dass Marie ja selber ein Löwe sei, konnte sie locken – hatte ihr doch noch nie jemand etwas von Sternbildern und Tierkreiszeichen erzählt. Sie schüttelte nur ungläubig den Kopf: »Aber Großvater, ich bin doch ein Mensch!«

Als sie zu den Löwenkäfigen kamen, begann gerade die Fütterungszeit, und Marie fand es einfach nur eklig, wie die riesigen Tiere an den rohen roten Fleischbrocken zerrten und sie in Windeseile verschlangen. Außerdem stank es, und sie hielt sich die Nase zu. Sie war kein Landkind, hatte nie beim Schlachten zugesehen und war froh, als der Großvater sie wortlos fortzog und sie das Raubtierhaus endlich verließen.

Der ganze Berg duftete und wiegte sich in violettem Blütengrün. Ein leichter Wind – man wusste kaum, ob er wirklich wehte oder ob man ihn nicht nur ahnte – strich über Gras und Gebüsch, und die Zootiere schienen wie die Menschen den Frühling in vollen Zügen zu genießen. Fische, Füchse, Kamele, Kängurus, Pinguine, Schlangen,

Die Universitätslöwen

Wölfe und Zebras – nichts ließen die beiden Besucher aus. Am lustigsten fand Marie die unentwegt herumspringenden Äffchen, die Seelöwen und den zerrupften Pelikan mit seinem gewaltigen Schnabelsack. Am Ende hatte sie genug gesehen und verspürte Durst, auch die Großvaterfüße waren müde. Sie fanden ein sonniges Plätzchen oben auf dem Berg, wo es an einem Kiosk Bockwurst und Brause zu kaufen gab. Als sie satt und zufrieden waren, holte der Großvater das Märchenbuch und den Kneifer aus der Segeltuchtasche und fragte: »Möchtest du wieder ein Tiermärchen hören?« – »O ja, hast du eins mit einem Pelikan?« – »Nein«, sagte der Großvater, »aber eines mit Störchen. Auch wenn du nicht mehr an den Klapperstorch glaubst, wird es dir bestimmt gefallen!«

Das Storchnest

Da war mal ein Bauernpaar, das hatte keine Kinder. Auf dem Dach ihres Hauses aber bauten zwei Störche ihr Nest. Als sie damit fertig waren, legte die Störchin nach und nach ihre Eier, die sie alsbald im Wechsel mit ihrem Storchenmann ausbrütete. Wenn sie beim Brüten war, stand er dabei auf einem Bein oder flog aus, um für beide Nahrung zu suchen. Brütete er, tat sie das gleiche. Am Ende der Brutzeit hockten sechs kleine Störchlein im Nest.

Die Bauersleute, denen das Haus gehörte, und die sich seit Jahren ein Kind gewünscht hatten, blieben weiter nur zu zweit. Bereits vor langer Zeit hatten sie ein kleines Bettchen gekauft und in ihrer Schlafkammer vor das Fenster gestellt.

Es war für das erhoffte Kind bestimmt und blieb doch immer leer. Wenn die Bäuerin die Fenster öffnete, um die warme Sommerluft hineinzulassen, konnten die Störche bei ihren Flügen das Bettchen einsam dort stehen sehen.

Wie die jungen Störche heranwuchsen, wurde ihnen das Nest auf dem Dach bald zu klein. Die Storcheltern hielten Rat, was am besten helfen könnte. Dem Storchvater kam ein Gedanke: »Wir wollen eins unserer Kinder durch das Fenster in die Schlafkammer der Bauern tragen und es in das Kinderbettchen legen. Die beiden Menschen wünschen sich doch so sehr ein Kind – und da wir für sie noch keines finden konnten, wollen wir ihnen eins der unseren bringen. Sie werden es sicher liebevoll pflegen, bis es erwachsen ist.«

Das fand auch die Storchmutter gut, und so brachten sie wirklich eins ihrer Jungen in das bäuerliche Schlafgemach und legten es behutsam in das kleine Bett. Dies geschah sehr leise und mitten in der Nacht.

Als das Menschenpaar am nächsten Morgen erwachte, da hörten sie vom Fenster her ein seltsames Geräusch. Sie gingen hin und schauten ins Bettchen: Da hockte der junge Storch und versuchte, mit seinem Schnabel zu klappern, wie er es oft von seinen Eltern gehört und gesehen hatte. Die Menschen rieben sich erstaunt die Augen, dann freuten sie sich sehr, und auch das Störchlein war froh. Der Bauer und die Bäuerin aber sagten sich: »Wenn wir nun einmal kein eigenes bekommen sollen, so wollen wir den kleinen Vogel als unser Kind ansehen und ihn aufziehen, als wäre er es.«

Der Storch wuchs schnell heran, bald konnte er selbst sein Futter suchen. Er flog zum Fenster hinaus und blieb den ganzen Tag über auf der sumpfigen Wiese am Dorfrand. Abends kam er zurück und schlief, als wäre es nie anders gewesen, in seinem Kinderbett. An den Sonntagen aber blieb er nachmittags bei seinen Pflegeeltern und ging, wie andere Kinder auch, mit ihnen spazieren.

Links von ihm schritt der Vater und rechts die Mutter, und alle Menschen, denen sie begegneten, freuten sich an dem schönen Anblick: ein richtiger Storch zwischen einem Menschenpaar! Nur im Winter war er nicht da, denn sobald die kalte Jahreszeit nahte, flog er wie alle Störche mit seinen Storcheltern und Storchgeschwistern aus dem Storchnest in den Süden und kehrte erst im Frühling zurück. Dann jedoch fühlte er sich wieder bei seinen Menscheneltern wohl.

Als der Storch sechs Jahre alt war, wurde er plötzlich krank. Und so sehr sich die Bauersleute auch sorgten, ihn hegten und pflegten, und sogar eine alte weise Frau um Hilfe baten – ihr Pflegling konnte bald nichts anderes mehr als still im Bette liegen. Er wurde zusehends schwächer, bis er eines Tages starb. Da waren die Eltern untröstlich, denn sie hatten ihn liebgewonnen wie ein eigenes Kind. Die ganze Nacht saßen sie bei ihm und weinten. Am nächsten Morgen gingen sie in den nahen Wald, um einen schönen Platz auszusuchen. Schon bald fanden sie eine Lichtung auf einem sonnigen Hügel. Dort hoben sie für ihr Storchkind eine Grube aus. Dabei dachten sie traurig an die schönen Jahre zurück, an die freudevolle Zeit, die sie gemeinsam mit ihrem Storchkind erlebt hatten.

Zwei Tage später fanden sich die fünf Storchgeschwister ein, sie wollten beim Begräbnis ihres Bruders nicht fehlen. Vier von ihnen trugen den Sarg, der fünfte ging voran. Am Ende ging das verlassene Bauernpaar.

Aber während die Menschen am Abend schlafen gingen und in das leere Kinderbettchen schauten, hielten die fünf Störche Rat, wie sie den Pflegeeltern für ihre Liebe zu ihrem Bruder danken könnten. Und da sie gesehen hatten, wie traurig die beiden waren – denn ihnen war ja immer noch ein eigenes Kind versagt, und nun hatten sie auch ihr liebes Storchpflegekind verloren –, beschlossen sie, ihnen zu helfen. Zwei von ihnen, die sie auslosen wollten, sollten weit weg fliegen und versuchen, in entfernteren Gegenden doch noch ein Kind für das Bauernpaar zu finden. So geschah es. Zwei der Störche machten sich auf den Weg und flogen bis zum Abend ohne Unterlass. Es war schon fast dunkel, als sie einen ausgedehnten Wiesensumpf erblickten. Da aber eben der Mond aufging, konnten sie doch noch dort suchen. Und oh Wunder: Sie fanden nicht nur ein Kind, sondern ein Mädchen und einen Knaben, die ganz allein auf einem winzigen Inselchen lagen. Voll Freude nahmen sie die zwei Verwaisten mit ihren Schnäbeln auf und trugen sie behutsam durch Nacht und Dunkelheit bis in ihr Heimatdorf.

Die Sonne war gerade über den Waldrand gestiegen, da schauten die daheimgebliebenen Störche nach ihren Brüdern aus und entdeckten die Zurückkehrenden bald. Sie flogen ihnen entgegen, und als sie sahen, dass die Reise nicht umsonst gewesen war, klapperten sie laut ihre Freude in die Welt. Noch in der Luft besprachen sie, was nun zu tun war. Am besten, meinten sie, wäre es, die zwei Kinderchen dahin zu bringen, wo sie am Vortag ihren toten Bruder begraben hatten. Denn sicher würden die Bauersleute früh vor der Feldarbeit dort hingehen, um ihr Storchkind zu beweinen und frische Blumen zu pflanzen. So legten sie den Knaben und das Mädchen rechts und links vom Grab ins Gras.

Das Storchnest

Es dauerte nicht lange, bis sich der Bauer und die Bäuerin näherten. Schon von weitem schien es ihnen, als hörten sie Kinderstimmchen, und sie dachten, das kann ja gar nicht sein. Dann entdeckten sie die beiden Kleinen – und weit und breit niemanden, dem sie gehörten! Am liebsten hätten sie sich bei den Händen gefasst und getanzt. Aber das macht man nicht neben einem Grab. So pflanzten sie schnell ihre Blumen, dann hob jeder eins der Kinder auf, und sie trugen ihr neues Glück nach Hause. Und die Störche kreisten über ihnen, ehe sie sich auf dem Dachfirst des Bauernhauses neben dem Storchnest alle der Reihe nach aufstellten und lustig mit den Schnäbeln klapperten. Schließlich flogen sie in Richtung der Froschsümpfe davon.

Im Haus der Bauersleute herrschte von Stund an wieder lebendige Freude – waren sie doch endlich eine richtige Familie zu viert!

Und wenn sie noch leben ... ja, dann ... genießen sie bis heute ihr Glück.

Es gibt jedoch noch einen Ort, nicht in der Stadt selber, doch ganz in der Nähe, wo wie im Zoo in jedem Frühling der Flieder wie ein lila Wunder blüht. Das ist der Petersberg, von dem Marie im Heimatkundeunterricht gehört hatte, er sei mit seinen 250 Metern die höchste Erhebung zwischen dem Harz und dem fernen russischen Ural. Na ja, das war doch was! Dem Großvater schien es gleichfalls zu imponieren. Und weil man dorthin weder laufen konnte noch eine Straßenbahn bis zum Petersberg fuhr, nahmen die zwei den

Überlandbus und kamen nach einer Dreiviertelstunde auf halber Höhe des Bergleins an. Vorsorglich hatten sie ein paar Käsebrote und eine Flasche Brause eingesteckt, und das war gut so, denn sie stießen den ganzen Tag über auf kein Lokal, in dem sie hätten einkehren können.

Zuerst streiften sie durch die wilde Hügellandschaft, in der stellenweise weder Weg noch Steg zu finden waren, besahen sich die alte Klosterkirche und den Friedhof mit den grünbemoosten Grabsteinen und freuten sich, dass sie von oben in alle Richtungen blicken konnten und im Süden alle Türme von Halle zu ihnen herübergrüßten. Sogar einen Steinbruch mit schroffen Felswänden entdeckten sie. Den Versuch, dort nach oben zu klettern, gaben sie aber bald auf, dazu hätte man Steigeisen und Seile gebraucht. Marie fragte, ob sie später, wenn sie groß wäre, Bergsteigerin werden könnte, dann hätte sie jeden Tag eine so schöne Aussicht wie vom Petersberg, und bestimmt gebe es noch höhere Berge, von denen man noch viel, viel weiter ins Land schauen würde.

Der Großvater wiegte bedenklich den Kopf und meinte, Bergsteigen sei eine schwierige Sache, besonders für Mädchen, und überhaupt gar kein richtiger Beruf. Außerdem wäre das Wetter nicht immer so sonnig wie heute, und sie sollte doch lieber überlegen, ob es nicht noch anderes gäbe, was ihr Spaß machen würde. Doch wenn sie nun einmal heute das Bergsteigen so fesselnd fände, dann hätte er zufällig ein passendes Märchen in seinem Buch.

Marie war es zufrieden. Sie suchten eine windgeschützte Felsenkuhle an der Südwestseite des Berges und ließen sich auf einem warmen Stein nieder. Der Großvater holte Märchenbuch und Kneifer hervor und begann alsbald zu lesen:

Panorama Giebichenstein

Der Bergsteiger

Da war mal ein kluger und freundlicher König namens Thoralf, der regierte mit Umsicht und Weisheit und liebte sein Volk. Sein Reich lag weit im Norden, die Bewohner waren von alters her nicht nur tüchtige Seefahrer, sondern ebenso geschickte Bergsteiger – denn das ganze Land war von hohen Felsgebirgen durchzogen.

König Thoralf hatte eine schöne junge Gemahlin, um die ihn viele beneideten. Senta jedoch war so hartherzig und herrschsüchtig, dass sie am liebsten den König beiseitegeschoben und selbst regiert hätte, obwohl sie gar keine Ahnung davon hatte. Thoralf war aber selbstbewusst genug, sich in die Regierungsgeschäfte, die er gewissenhaft von seinem Vater gelernt hatte, nicht hineinreden zu lassen.

So wurde das Zusammenleben des Paares mit der Zeit immer schwieriger, und bald konnte niemand mehr übersehen, dass zwischen Thoralf, dem guten König, und Senta, der Schönen, kalte Feindseligkeit herrschte. Das ging soweit, dass die Königin mit allen Mitteln versuchte, ihren Gemahl in den Augen des Volkes herabzusetzen, um selber mehr Einfluss zu gewinnen. Mit ihren Intrigen gelang es ihr sogar, einige königliche Beamten auf ihre Seite zu ziehen. Aber das nützte ihr wenig – das Volk stand trotzdem treu zu seinem König.

Am Ende begann sie ihn zu hassen und sann Tag und Nacht darüber nach, wie sie ihn am besten vom Leben zum Tode bringen könnte, um endlich allein im Reich zu schalten und zu walten wie es ihr beliebte.

Als der nächste Winter hereinbrach, fiel so viel Schnee wie seit Jahrzehnten nicht mehr. Straßen und Wege waren von

Tag zu Tag tiefer eingeschneit, bald kam nirgendwo mehr ein Pferd oder Wagen durch. Die Menschen mussten von dem leben, was sie im Hause hatten. Auch die Vorräte an Feuerholz, die sie im Herbst angelegt hatten, gingen zu Ende. In einigen abgelegenen Dörfern waren schon Bauern in der eisigen Kälte erfroren. Alle sehnten sich nach dem Frühling – obgleich sie wussten, es würde riesige Überschwemmungen geben, wenn das Schmelzwasser aus den Bergen in die Täler herabflösse.

Im März schlug das Wetter wirklich von einem Tag auf den anderen um. Heftiger Südwestwind erwärmte das Land und brachte zudem tagelangen Regen mit sich. Schnee und Eis tauten windeseilig auf und ließen Gebirgsbäche zu reißenden Strömen werden, Flüsse traten über die Ufer und verwandelten weite Landstriche in endlose Seenlandschaften. Selbst nahe der Hauptstadt ragten auf einer weitläufigen Fläche nur noch vereinzelt Erhebungen aus dem Wasser hervor, auf denen sich Menschen und Vieh zusammendrängten und auf Rettung hofften. Ganze Dörfer und manch kleine Stadt hatte das Hochwasser verschlungen, und die Not der Überlebenden war ins Unermessliche gestiegen.

Da beschloss König Thoralf, die Verzweifelten zu retten. Er wusste selbst nicht recht wie, deshalb wollte er zuerst in die am schlimmsten betroffenen Gebiete reisen, den Menschen Mut zusprechen und sehen, wie ihnen zu helfen wäre.

Als Senta das erfuhr, sah sie darin die langersehnte Gelegenheit, ihren Gatten zu beseitigen. Wer nämlich in jene Gegenden fuhr, musste eine alte, hölzerne Brücke passieren. Die führte zwar nur über einen flachen Bach, doch dieser war jetzt zum reißenden Strom angeschwollen. Seit vielen Tagen hatte niemand mehr gewagt, die Brücke zu überqueren – der

König aber wollte es trotzdem tun, denn sonst hätte er sein Vorhaben unmöglich in die Tat umsetzen können. Vor den gut gemeinten Warnungen der ihm treu ergebenen Diener verschloss er die Ohren.

Währenddessen hielt die Königin mit ihren Vertrauten Rat. Sie meinten, die Brücke sei zwar alt, aber doch solide gebaut, so dass die Gefahr des Einsturzes so groß gar nicht wäre – es sei denn, ein Brückenpfeiler würde zufällig beschädigt … Dann bräche sie bestimmt zusammen, sobald sie das Gewicht eines schweren Wagens mit Pferden tragen müsste. Sentas Augen leuchteten auf. Zu Thoralf sprach sie freundlich; er möge doch noch ein wenig warten, ehe er die Reise anträte. Es wäre gewiss besser, zunächst einmal die Sicherheit der Brücke zu überprüfen, bevor er ein so großes Wagnis einginge. Und sie rief einen jener wenigen Höflinge, von denen sie wusste, dass sie sich, wie sie selber, nichts mehr wünschten als den Tod des Königs. Den schickte sie zur Brücke, um einen Pfeiler zu lockern. Als der arglistige Diener zurückkehrte und dem König versicherte, die Brücke sei gefahrlos passierbar, schöpfte niemand Verdacht.

Mit zwei Wagen begab sich König Thoralf auf die Reise. Im ersten saß er selbst mit einem Schreiber, der in den Unglücksgebieten alles notieren sollte, was die armen Menschen auf dem Herzen hatten. Im zweiten Wagen folgten sein erster und klügster Ratgeber und ein Hofmeister, der die mitgeführten Brote und Räucherwürste und Äpfel gerecht unter den Bedürftigen verteilen sollte.

Kurz vor der Brücke rasteten sie. Da beschlich den treuen Ratgeber eine Ahnung und er bat seinen König, er möge erlauben, dass er mit seinem Wagen als erster über die Brücke führe. Thoralf lächelte und sagte: »Ich weiß, warum du mir das vorschlägst. Aber das Land bedarf deiner Klugheit und Umsicht viel mehr als meiner Regierungskunst. Darum: Wenn einer von uns in die Tiefe stürzen sollte, dann lieber ich als du!« Und das war seine feste Überzeugung, die ließ er sich nicht wegreden.

Endlich kam die Brücke in Sicht, und mit Bangen sah des Königs getreuester Diener seinen Herrn als ersten auf die alten, hölzernen Bohlen fahren. Er gab dem Kutscher seines Wagens ein Zeichen, dass er stehen bliebe, damit die Brücke wenigstens nicht zur gleichen Zeit die Last von zwei Wagen und acht Pferden tragen müsste. Das war allerdings das Letzte, was ihm für seinen Gebieter zu tun vergönnt war.

Denn kaum hatte der königliche Wagen die Brückenmitte erreicht, begann sie zu schwanken, der lose Pfeiler knickte wie ein Streichholz ein: Das Bauwerk brach krachend zusammen. Der König und sein Schreiber und der Kutscher und der Wagen und die vier Pferde – alles stürzte haltlos in die Tiefe und wurde sogleich von den Fluten mitgerissen. Ein paar sperrige Brücken- und Wagentrümmer blieben an Felsvorsprüngen hängen, doch von Mensch oder Tier war nichts mehr zu sehen. Entsetzt schrien die Insassen des nachfolgenden Wagens auf, die Pferde scheuten, fast wäre ein zweites Unglück geschehen. Nur mit Mühe hielt der Kutscher seine Rappen im Zaum. Und Thoralfs treuester Weggefährte musste alle Hoffnung aufgeben. Tränen standen in seinen Augen, als er ins Schloss heimkehrte, der Königin und dem Hofstaat die schlimme Kunde zu überbringen.

Die Nachricht von dem Unglück verbreitete sich rasch. Und alle Menschen waren traurig, besonders als sie hörten, es sei geschehen, weil König Thoralf ihnen helfen wollte. Und obwohl sich bald darauf die Wasser verliefen und mit dem nahenden Sommer neuer Lebensmut keimte, so richtig froh war niemand im Land – mit Ausnahme eines Menschen: Das war die herrschsüchtige Königin. Sie tat zwar, als sei sie untröstlich über den Verlust, doch im Innern frohlockte sie. Konnte sie doch endlich tun, was sie schon immer wollte: ganz allein regieren.

Nachdem aber das Trauerjahr vorüber war, hätte das Volk doch lieber wieder einen König gehabt, und Senta hörte immer öfter, dass ihre Untertanen den Wunsch hegten, sie möge sich noch einmal vermählen. Das war ja nun gar nicht nach ihrem Sinn. Sie war jedoch klug genug, so zu tun, als wolle sie das Begehren des Volkes erfüllen. Nur eine einzige Bedingung stellte sie: Der neue König müsse ein exzellenter Bergsteiger sein, damit er in der Lage sei, alle Teile des Landes jederzeit aufsuchen zu können.

Dafür hatte man Verständnis in diesem gebirgigen Land am Meer, denn es war hier normal, dass jeder tüchtige Mann mit Schiffen umzugehen vermochte und zudem ein guter Bergsteiger war. Und sie stellte es sogar allen Männern frei, die geforderte Probe zu bestehen, sofern sie nicht jünger als fünfundzwanzig und nicht älter als fünfunddreißig Jahre wären. Das schien ein recht annehmbares Angebot zu sein.

Schon bald aber wurde Sentas Hinterlist offenbar. Der von ihr auserkorene König sollte nämlich nicht irgendeinen Berg besteigen, sondern einen von Senta selbst bestimmten. Der ragte eine halbe Tagereise von der Hauptstadt entfernt schroff und steil aus der Ebene empor und war noch niemals erklommen worden. So hoffte die falsche Schlange, für alle

Zeit zu verhindern, dass sie die Regierung an einen neuen König abtreten müsste.

Viele versuchten ihr Glück, doch keinem gelang es, diesen Felsen zu bezwingen. Die meisten gaben bald auf und kehrten um; Furchtlose, die dem Schicksal trotzen wollten, stürzten ab und bezahlten den Traum vom Königsein mit ihrem Leben. Unmut machte sich im Volk breit, das den Verlust jener jungen Männer, die ja zu den Besten gezählt hatten, nicht hinnehmen mochte. Immer mehr Mütter und Väter hielten ihre Söhne zurück, wenn diese anfingen, von der schönen Königin Senta und ihrem künftigen Leben als König zu schwärmen. Es sollte nicht noch mehr Opfer geben bei diesem Spiel mit dem Tod! Und so unternahm nur noch selten jemand einen Versuch.

Es ging aber die Sage im Land, dass in den weglosen und entlegenen Gegenden des wildesten Gebirges ein Berggeist zu Hause sei. Und dass man ihm, fand man nur den rechten Ort, bei Vollmond um Mitternacht begegnen könne. In diesen dreizehn Nächten des Jahres wäre selbst von weitem gut zu erkennen, wie er in der Ferne auf der höchsten Felsenspitze thronte. Aus der Nähe jedoch hatte ihn noch niemand gesehen, geschweige denn mit ihm gesprochen – weil kein Weg zu jenem Felsen führte.

Seit Thoralfs Tod waren schon mehr als zwei Jahre vergangen, als ein junger Mann namens Jan – er hatte es bereits im Herbst zuvor, allein der eigenen Kraft trauend, vergebens versucht – sein Glück ein zweites Mal auf die Probe stellen wollte. Mit Freunden feierte er gerade seinen 30. Geburtstag, als die ihn fragten, wann er sich endlich eine Frau fürs Leben suchen würde. Im Übermut der späten Stunde verkündete er:

Der Bergsteiger

»Ich heirate, wenn überhaupt, nur die Königin!« Darauf wurden sogar Wetten abgeschlossen. Und weil Jans Eltern bei den Überschwemmungen ums Leben gekommen waren und er keine Geschwister hatte, war auch diesmal niemand da, ihn zu warnen oder von seinem Plan abzuhalten.

Vier Tage vor der Vollmondnacht im Mai machte sich Jan auf den Weg. Im Rucksack hatte er ein paar kleine Brotlaibe, ein großes Stück Ziegenkäse und vier Äpfel, trinken wollte er bei den Quellen, die überall in den Bergen aus dem Gestein hervortraten. Am ersten Tag kam ihm noch hier und da ein Hirte mit seinen Bergziegen oder ein Jäger samt Hund in den Blick, aber am zweiten und dritten Tag sah er auf der beschwerlichen Wanderung bergauf bergab ohne Weg und Steg niemanden mehr.

Am vierten Morgen erhob sich hoch über den rosigen Morgenwolken ein so hoher und spitzer Fels, wie Jan noch nie im Leben einen gesehen hatte – dagegen wirkte der von Königin Senta für die Bewerber um ihre Hand und den Königsthron ausgesuchte wie ein kleiner Bruder. Dort und nirgendwo anders musste der Berggeist wohnen. Sofern es ihm gelänge, dachte Jan, bis zum Abend jenen Berg zu erreichen, würde er ihm um Mitternacht seine Bitte vortragen können. Er sammelte seine letzten Kräfte und kam wirklich zugleich mit der sinkenden Sonne am Fuß des Felsgipfels an.

Gerade war der Mond hinter dem Felsen verschwunden, da glänzte dessen Spitze hell auf. Jan sah eine Riesengestalt, in silberweißen Dunst gehüllt, oben thronen. Der Berggeist blickte auf den in seinen Augen winzigen Menschen herab und herrschte ihn mit dröhnender Stimme an: »Du hast dich in mein Reich gewagt, das keiner ohne meine Erlaubnis betreten darf! Seit drei Tagen schon sehe ich dich kommen. Es wäre mir ein Leichtes gewesen, dich zu zerschmettern. Doch du bist kein böser Mensch, und so tat ich es nicht, sondern ließ dich in meine Nähe kommen. Deinen Wunsch kenne ich und sage dir: Niemand vermag den Felsen, der auf Verlangen der Königin Senta erstiegen werden soll, ohne meine Hilfe zu bezwingen – weil auch er zu meinem Reich gehört. Du willst es wagen und König werden. Weil du bisher ein Leben ohne Fehl und Tadel führtest, werde ich dir helfen. Aber nur, wenn du bereit bist, eine Bedingung zu erfüllen, sobald du König geworden sein wirst. Versprichst du mir das mit deinem Manneswort?«

Andächtig und mit klopfendem Herzen hatte Jan den Worten des Berggeistes gelauscht, und als dieser ihm nun direkt eine Frage stellte, versagte seine Stimme. Er nickte nur stumm und wünschte sich, der Beherrscher der Berge möge das als Zustimmung gelten lassen. Und er hoffte nicht vergebens, der Geist setzte seine Rede fort: »Ich will, dass es deine erste Handlung als König sein soll, einen Menschen in den Kerker zu werfen und zum Tode zu verurteilen. Ja, jetzt erschrickst du und denkst, so grausam möchtest du nicht sein – doch glaube mir: Das wird dich nie gereuen! Es geht um den Menschen, der dich, wenn du König bist, als erster belügt. Und weil du nicht wissen kannst, dass es eine Lüge ist, will ich es dich fühlen lassen. Dein Herz wird im selben Augenblick, da die Lüge ausgesprochen ist, so heftig und schmerzhaft schlagen wie nie zuvor in deinem Leben.«

Unwillkürlich erhob Jan die Hände zur Brust und spürte seinen ruhigen, starken Herzschlag so wie immer, wenn das Herz schlägt wie von allein und man es eigentlich gar nicht bemerkt. Vergeblich suchte er sich vorzustellen, wie das wäre, wenn es schmerzt. Da sprach der Berggeist schon weiter: »Das Volk wird das Todesurteil zwar mit Schrecken vernehmen, deine Entscheidung aber dennoch gutheißen und erkennen, wie gerecht sie ist. – Du siehst also, es ist nicht unmöglich, meine Bedingung zu erfüllen. Willst du das tun?«

Jan nickte noch einmal, aber inzwischen war, nach dem ersten Schrecken über das, was da von ihm verlangt wurde, seine Stimme zurückgekehrt, und er brachte nach kurzem Räuspern ein klares, lautes »Ja!« heraus.

»Dann geh zehn Schritte nach rechts, sodann, ohne dich umzuschauen, hundert Schritte rückwärts. Beim letzten Schritt trittst du auf ein Hindernis, das heb auf!« Jan tat wie ihm geheißen und bekräftigte damit nochmals sein Wort. Beim letzten Schritt trat er auf ein Bergseil und hob es auf. Jetzt fuhr der Berggeist fort: »Mit Hilfe dieses Seiles kannst du den Felsen erklimmen. Immer, wenn dich deine Kraft zu verlassen droht, wirfst du ein Ende hoch über dich gegen den Fels. Es wird sich dort so sicher festhaken, dass du unbesorgt daran weiter nach oben klettern kannst. Das machst du so lange und so oft, bis du den Gipfel erreicht hast.«

Starr vor Staunen sah Jan auf das Seil in seiner Hand. Nun blickte er auf und wollte dem Berggeist danken – doch der war in den silberweißen Nebelschwaden entschwunden ...

Jan steckte das Seil in seinen Rucksack und begann den Rückweg, von dem er glaubte, dass er wieder vier Tage dauern würde. Aber, als wollte der Berggeist ihm einen Vorgeschmack seiner übermenschlichen Macht geben, schien der Weg viel kürzer geworden zu sein: Schon am folgenden Abend kam Jan zu Hause an. Er ruhte sich einen ganzen Tag lang aus. Danach fühlte er sich stark genug, ging zum Schloss und gab bekannt, er werde versuchen, den Felsen der Königin zu ersteigen.

Viel Volks versammelte sich vor dem bisher unbezwungenen Berg. Doch trotz aller Neugier war die Stimmung gedrückt. Es waren nur wenige, die noch immer hofften, dass es jemanden gäbe, dem der Aufstieg glücken könnte.

Als Senta eintraf, wurde sie nicht so begrüßt, wie es bei guten und geliebten Herrschern üblich ist und wie es einst König Thoralf von seinem Volk gewohnt war. Kein freudiger Zuruf erklang, niemand streute Blumen, keine Hand flog zum »Vivat« empor. Eisiges Schweigen umfing die Königin, doch deren kaltes Herz litt darunter nicht.

Diener führten Jan vor ihr Angesicht, und sie erkannte in ihm einen von jenen, die den Versuch bereits unternommen, aber erfolglos abgebrochen hatten. Spöttisch verzog sie den Mund und sprach: »Du warst damals nicht mutig genug und wirst es auch diesmal nicht sein. Du gabst das Erklimmen des Felsens ja auf, als die Schwierigkeiten noch gar nicht richtig begonnen hatten! Und nun willst du uns nochmals zum Narren halten? In so kurzer Zeit wird aus einem Stümper kein geschickter Bergsteiger! Du willst König werden und mein Gemahl? Ich bin neugierig, wo du heute umkehren wirst!« – »Erst wenn ich den Gipfel erreicht habe, Majestät! Die Hochzeit sollte schon vorbereitet werden.«

Bei diesen Worten blickte Jan der Königin so selbstbewusst in die Augen, dass sie erschrak und ihr keine Erwiderung einfiel. Ohne ein weiteres Wort winkte sie mit der Hand: Er möge schweigen und anfangen mit seinem Aufstiegsversuch.

Aufrecht und festen Schrittes ging Jan auf den Berg zu. Langsam und ohne Leichtsinn begann er seinen steinigen

Weg. Umsichtig nutzte er jeden noch so kleinen Felsvorsprung aus und gelangte höher und höher hinauf. Bald hatte er jene Stelle erreicht, an der er im letzten Oktober sein Vorhaben abgebrochen hatte, weil es ihm ganz aussichtslos erschienen war, weiterzukommen. Heute aber stieg er fast mühelos aufwärts – und hatte noch kein einziges Mal das Seil zu Hilfe genommen! Schon näherte er sich jenem verhängnisvollen Platz, vom dem aus der berühmteste Bergsteiger des Landes vor fast einem Jahr in den Tod gestürzt war. Mit ungläubigem Erstaunen sah das Volk, wie Jan darüber hinaus und weiter stieg. Senta wurde blass.

Nun warf er zum ersten Mal das Seil – aber er war bereits so hoch oben, dass dies niemand von unten erkennen konnte. Ferngläser gab es damals noch nicht. Und so war Jan für die bange Schauenden nur noch ein ferner Punkt, der sich scheinbar unaufhaltsam bewegte. Sollte es wirklich möglich sein …? Zaghaft keimte Hoffnung auf. Doch noch hatte Jan die Spitze nicht bezwungen, noch immer konnte das so viele Male erlebte Furchtbare erneut geschehen! Und plötzlich – es fehlten wohl nur noch wenige Meter – verharrte der Punkt regungslos.

Ein Raunen ging durch die Menge. Warum hielt Jan inne? Hatten ihn, so kurz vor dem Ziel, die Kräfte verlassen? Ohne Zweifel war er der beste Bergsteiger aller Zeiten, aber genügte das, um sein Ziel zu erreichen? Oder war ein weiteres Mal alles vergebens? Und – halb unbewusst – ein neuer Gedanke: Selbst wenn er in wenigen Augenblicken ganz oben stand, wie sollte er dann, erschöpft wie er war, herunterklettern können?

Da sah man mit eins, oder man ahnte es, wie er sich wieder bewegte. Und vielleicht war es nicht nur das Seil, das er warf, sondern ein wenig auch der tausendfache Wunsch von unten, der ihn trug ... Hände und Füße waren wund und schmerzten entsetzlich, aber Jan gab nicht auf. Doch als sich beim letzten Seilwurf das Ende endlich an der Felsgipfelspitze festhakte, war es ihm nicht mehr möglich, einen einzigen Schritt weiterzuklettern, und ihm schwanden die Sinne. Das Letzte, was er undeutlich nahen sah, war ein silberweißer Nebelstreif. Das Letzte, was er im Hinüberdämmern spürte, war ein rätselhaftes Hochgehobenwerden und ein Aufwärtsschweben ...

Das Volk unten und die Königin aber sahen: Der Bergsteiger Jan hat den Felsgipfel erreicht! Das Volk jubelte, die Königin schwieg.

Bald jedoch breitete sich Stille aus – alle dachten, jeder auf seine Art, an den bevorstehenden, nicht minder beschwerlichen und gefährlichen Abstieg. Sehr lange ruhte Jan oben aus, so schien es von unten, denn nichts bewegte sich. Was war geschehen? Der Bergsteiger war gar nicht mehr zu sehen! War er, unmittelbar nach der Ankunft auf der Bergspitze, womöglich auf der anderen Seite des Felsens, abgestürzt? Angst ergriff die Menge – nicht aber die Königin. Sie lächelte sogar, und ein Stein fiel ihr vom kalten Herzen. Hatte sie doch schon fast gefürchtet, besiegt zu sein! Und nun war sie ihrem Schicksal anscheinend noch einmal entkommen – oder doch nicht? Niemand hatte den Bergsteiger stürzen sehen. Hatte er vielleicht für die Rückkehr einen anderen Weg gewählt?

Die Ungewissheit lastete schwer, und die Zeit verstrich unendlich langsam. Keiner wusste, wie viele Stunden vergangen waren. Gewiss schien nur: Wenn Jan jetzt nicht bald kam, würde er nie mehr kommen!

Aber da! Wie aus dem Nichts tauchte der schon fast Totgeglaubte wieder auf! Und bereits so weit unten, dass man kaum noch um ihn bangen musste. Das Volk war nicht mehr zu halten. Frohlockend drängte die Menge zu jener Stelle, wo Jan, vom Berg herabgestiegen, seinen Fuß endlich wieder auf die ebene Erde setzen würde. Keiner, der ihn nicht am liebsten als erster begrüßt und beglückwünscht hätte! Wenn man die Königin nicht mitzählt – denn die hatte sich, als ihr klar war, das ersehnte Unglück würde es nicht geben, in ihre Kutsche gesetzt und war allein und ohne sich noch einmal umzudrehen, ins Schloss zurückgefahren. Das Volk indes stürmte weiter ... Doch selbst die Schnellsten hatten Jan noch nicht erreicht, als er erschöpft zusammenbrach. Man musste ihn nach Hause tragen.

Der Jubel ebbte ab, aber eine starke, stille Freude blieb. Es konnte ja nicht lange dauern, bis Jan, ein kräftiger, junger Mann, wieder zu Kräften kommen und dann seinen Siegerpreis einfordern würde.

Was aber war dort oben geschehen? Das erfuhr nie eine Menschenseele. Selbst Jan wusste es nicht – und konnte es auch später nur vermuten. Der Berggeist hatte ihn zuerst auf den Gipfel gehoben und danach auf der Rückseite des Felsens, wo es niemand sehen konnte, bis in die Nähe jener Stelle getragen, wo er unerwartet wieder aufgetaucht war. Dort hatte er lange gelegen, bis er wieder zu sich kam, einen Pfad auf die Vorderseite des Berges suchte und mit letzter Kraft das letzte Wegstück abwärts stieg.

Nun aber fanden sich Nachbarn und Freunde, die Jans wunde Füße wuschen, ihm zu essen und zu trinken gaben und bei ihm wachten, bis er am übernächsten Tag frisch und ausgeruht, von ihren guten Wünschen begleitet, zum Königsschloss ging.

Königin Senta begrüßte ihn und tat freundlich. Dabei war es nicht einmal nur Heuchelei, als sie ihm ihren Glückwunsch aussprach. Der junge, kräftige Mann mit dem gütigen Gesicht – das sie ein wenig an Thoralf erinnerte – missfiel ihr ja nicht wirklich. Wäre ihr nicht ihre eigene Herrschsucht im Wege gewesen, die sie zu einem bösen Menschen gemacht hatte, wäre sie vielleicht sogar gern seine Frau geworden. So aber konnte sie an nichts anderes denken als daran, dass die schöne Zeit vorbei sei, in der alles nach ihrem Willen ging, und dass der neue König sie beiseitedrängen würde.

Doch all diese Gedanken nützten ihr nichts, drei Wochen später wurde im Schloss mit vielen Gästen Hochzeit gefeiert. Auch Jans Freunde waren eingeladen und gratulierten ihm von Herzen: Er hatte die Wette gewonnen! – Als alle vom Tanzen müde waren und die Musiker nur noch Nachtlieder spielten, war es an der Zeit, dass sich König Jan und Königin Senta in ihre Gemächer zurückziehen sollten. Aber eine innere Unrast hielt Jan davon ab. Und so rief er die königlichen Ratgeber zusammen, denen auch schon fast die Augen zufielen, aber Jan war der neue König, und sie gehorchten. Auch die Königin musste dabei sein, als Jan fragte, was es am nächsten Tag an Regierungsgeschäften zu erledigen gäbe.

Nachher wusste niemand mehr, wer damit angefangen hatte, aber irgendwie kam das Gespräch auf den vom Volk so geliebten und vor zwei Jahren verunglückten früheren König Thoralf. »Wie konnte die Brücke«, fragte Jan, »überhaupt zusammenbrechen, obgleich ihre Standfestigkeit vorher überprüft und sie für sicher befunden worden ist?« – »Ja, das weiß ich auch nicht, und es hat mich immer gewundert!«, erwiderte Senta schnell.

Im gleichen Moment schlug Jans Herz wie rasend und ein Schmerz, wie er ihn noch nie erlebt hatte, durchfuhr seine Brust. Entsetzt starrte er Senta an. Hatte sie gelogen? War der Unfall damals in Wahrheit ein Mord? Dann hätte der Berggeist mit der Bedingung die Konigin gemeint! Das wollte Jan nicht glauben, und er überlegte, wer sonst ihn zuerst würde belügen wollen. Aber damit kam er nicht weit. Zugleich mit seinem Zweifel, dass wirklich die Königin gemeint sei, kehrte der Schmerz in sein Herz zurück, stärker noch als zuvor.

Es wurde ihm zur Gewissheit, dass die Worte der Königin eine Lüge waren und das Unglück, dem König Thoralf zum Opfer fiel, ihr Werk. Sein Gesicht verfinsterte sich: »Du weißt es nicht? Das ist eine Lüge«, sprach er erbarmungslos, »denn vor zwei Jahren ist kein Unglück geschehen. Es war vielmehr ein heimtückischer Mordanschlag auf den König. Und die Hauptschuld trifft dich!«

Die böse Königin erbleichte und wandte sich verzweifelt zur Flucht – doch es war zu spät. Jan befahl seiner Leibwache, sie zu ergreifen und in den Kerker zu werfen.

Wie ein Lauffeuer verbreitete sich die Nachricht im Land, welch schreckliches Ende die Hochzeitsfeier von Jan und Senta nahm. Die Leute wollten nicht glauben, dass der neue König mit solcher Willkür regierte. Und als er nach kurzem Prozess auch noch das Todesurteil über die Königin verhängte, ertönte landauf landab ein Aufschrei des Schreckens.

Jan jedoch sorgte dafür, dass alle seine Untertanen erfuhren, warum er so gehandelt hatte. Das riss alte Wunden auf und rief die Erinnerung an ihren geliebten König Thoralf zurück. Das Volk verstand seinen König und lobte ihn als einen strengen, guten und gerechten Herrscher. Und es wünschte sich, dass Jan bald eine kluge und gutherzige Frau finden möge, die es als Königin ebenso lieben könnte wie ihn.

Es musste nicht lange warten. Und nach seiner zweiten Hochzeit – mit der jüngsten Schwester eines seiner Freunde – gab es keine bösen Überraschungen mehr.

Und wenn sie noch leben ... ja, dann ... genießen sie bis heute ihr Glück.

Dass Bergsteigen so schwer wäre, hatte das Mädchen nicht gedacht, und so hinterhältige Menschen wie die Königin Senta konnte sie sich auch nicht vorstellen. Für Marie war die wirkliche Welt noch in Ordnung; Bösewichter kamen nur in Märchen vor, da gehörten sie hin. Genau wie Zauberer und Berggeister, von denen man Wunder erwarten oder erbitten durfte.

Offengeblieben war allerdings die Frage der Berufswahl. Das hatte zwar für eine Zehnjährige noch reichlich Zeit, aber es beschäftigte Marie doch sehr. Während der Rückfahrt fragte sie den Großvater aus und wollte alles wissen, was er irgendwann in seinem Leben mal gemacht hatte. Das waren die verschiedensten Beschäftigungen, zum Beispiel Börsenspekulant und Brombeerverkäufer, Gelegenheitsdichter, Porträtzeichner, Kurgastkontrolleur und noch vieles mehr – aber es war nichts dabei, was Marie zur Nachahmung reizte. Schließlich fragte der Großvater, was sie denn am liebsten täte. Als sie zur Antwort gab: »Außer Klettern

Der Friedemann-Bach-Platz

mag ich singen und malen«, meinte er: »Dann habe ich eine Idee, wohin wir morgen gehen wollen.« In der halleschen Moritzburg waren die beiden nämlich vorher noch nie.

Am nächsten Morgen gingen sie ihre gewohnten Wege durch die Stadt und kamen bald zu einem großen freien Platz unweit des Marktes. Auf der einen Seite stand ein prachtvoller Backsteinbau, das war das Physikalische Institut mit dem Pendelturm. Gegenüber führte eine breite steinerne Brücke durch einen Torbogen in den Hof der Moritzburg.

Da die Bildergalerie noch nicht geöffnet war, schlenderten sie im Burghof mit den vielen Erkern und Gängen und schwarzberußten Mauern auf und ab. An vielen Stellen ließ sich gut erkennen, dass hier vor langer Zeit Flammen gewütet haben mussten. Zum Glück hatten diese nur einen Teil der riesigen Burganlage verschlungen. In den stehengebliebenen Gewölben und Sälen hingen Gemälde an den Wänden und es waren Figuren und Skulpturen aufgestellt. Für wenig Geld durfte jeder alles betrachten solange er wollte.

Kurz vor zehn kam die Kassenfrau. Marie und der Großvater waren die einzigen, die Eintrittsbillets kauften und sie blieben den ganzen Vormittag allein. Marie war zugleich begeistert und enttäuscht. So schöne Bilder von Pferden und Mädchen, Türmen und Strand! Aber nie würde sie selber so etwas malen können! Der Großvater nahm sie, was er sehr selten tat, in den Arm und tröstete sie: »Eigentlich ist es doch ziemlich gleich, welchen Beruf man einmal ergreift. Die Hauptsache ist, man wird ein guter und tüchtiger Mensch. Und du kannst mir glauben – das geht in jedem Beruf.« Als er den Zweifel in Maries Augen sah, sagte er: »Es ist wirklich so. Komm mit, wir suchen uns ein schönes Plätzchen, ich habe ein Märchen zum Beweis dafür.«

Sie traten aus der Eingangstür des Bildermuseums auf den Burghof hinaus. Da stand in der Tat eine Bank, direkt neben zwei großen nackten Figuren. Marie genierte sich, das Paar anzuschauen, aber der Großvater sah gar nicht hin. Das Buch wurde ausgepackt, der Kneifer geputzt und auf der Nase zurechtgerückt – und sogleich tauchten die zwei in eine Märchenwelt ein:

Der Prinzgemahl

Da war mal ein König, der lebte mit seiner Gemahlin, der Königin, und ihren Töchtern, den Prinzessinnen, in einem prächtigen Schloss inmitten der großen Hauptstadt eines kleinen Landes. Die sieben Töchter – Alberta, Belinda, Cecilia, Daniela, Elena, Feodora und Gerda – waren ein ums andere Jahr zur Welt gekommen: Alberta, die älteste, war dreiundzwanzig, Gerda, die jüngste, gerade siebzehn Jahre alt. Alle waren gleich hübsch und hatten dieselben Neigungen und Träume, sie glichen einander aufs Haar.

Seit einiger Zeit trugen sich der König und die Königin mit dem Wunsch, wenigstens die älteren Töchter möchten doch bald heiraten, denn der König war schon alt, und nach seinem Tod musste ja jemand da sein, um das Land zu regieren. Ihm und der Königin war es leider nicht vergönnt gewesen, einen Sohn zu bekommen, also musste an dessen Stelle später einmal der Gemahl einer der Töchter sein Nachfolger auf dem Thron werden.

Der Wunsch des Königspaares wurde im ganzen Land bekannt gemacht, und auch in den umliegenden Ländern hörte man davon, dass die Prinzessinnen heiraten sollten. Viele Prinzen erschienen, aus nah und fern. Da aber Alberta, Belinda, Cecilia, Daniela, Elena, Feodora und Gerda alle den gleichen Geschmack hatten und alle von gleich liebreizendem Angesicht waren und der geringe Altersunterschied zwischen ihnen gar nicht ins Gewicht fiel, wollten stets alle denselben Prinzen zum Gemahl, oder aber keine der sieben wollte von einem Bewerber etwas wissen. Deshalb konnten sie nie einig werden, wer von ihnen einem Prinzen die Hand reichen sollte, oder der Prinz musste, von allen sieben verschmäht, wieder von dannen ziehen. Überdies sahen sich die meisten Prinzen selbst außerstande zu sagen, welche Prinzessin ihnen am besten gefiele, weil ja eine jede von ihnen ihren sechs Schwestern an Schönheit ebenbürtig war.

Eines Tages kam von weither ein Prinz namens Harald. Er war schon fast dreißig Jahre alt und wollte sich um eine der Prinzessinnen bewerben. Harald war freundlich und gescheit, und der König und die Königin hätten ihn gern zum Schwiegersohn und späteren König gehabt. Seinem Alter nach, meinten sie, würde er am besten zu ihrer ältesten Tochter passen. Aber gerade dieser Prinz wollte unbedingt ihre Jüngste zur Frau. Zwar gefielen auch ihm alle sieben Schwestern gleich gut, aber er hatte es sich nun einmal in den Kopf gesetzt, dass eine ganz besonders junge Frau an seiner Seite sein sollte.

Er selbst gefiel, wie könnte es anders ein, ebenfalls allen Prinzessinnen sehr, denn er war ein stattlicher und gut aussehender Mann. Wieder einmal konnten sich Alberta, Belinda, Cecilia, Daniela, Elena, Feodora und Gerda nicht einigen, wer des Prinzen Gemahlin werden sollte, und bedrängten ihn alle auf einmal. Der Prinz in seiner Not flüchtete zum König und bat ihn noch einmal inständig, ihm doch bitte die Jüngste zur Frau zu geben, denn die wäre ihm am liebsten von allen.

Der König hätte dies auch getan, doch die anderen sechs, das ahnte er, wären damit nicht zufrieden gewesen. Also verfiel er auf eine List. Der König schlug seinen Töchtern vor, sie sollten alle ihr Haupt verhüllen, ein paarmal durcheinanderlaufen, danach in einer Reihe dem Prinzen gegenüberstehen und schließlich sollte sich nacheinander jede einmal um sich selbst drehen – ehe Prinz Harald am Ende eine Entscheidung träfe. Damit waren Alberta, Belinda, Cecilia, Daniela, Elena, Feodora und Gerda einverstanden.

Insgeheim aber vertraute der König dem Prinzen an: »Alle meine Töchter werden die gleichen Gewänder tragen und auf gleiche Weise gegürtet sein. Nur bei Gerda wird die Gürtelschnalle nicht in der Mitte sein wie bei den anderen, sondern die Königin wird sie heimlich ein wenig zur Seite ziehen. Deshalb merke dir gut, wenn sich die Prinzessinnen vor dir drehen, bei welcher die Schnalle nicht genau in der Mitte sitzt! Denn erst dann, wenn sich alle sieben vor dir gedreht haben, darfst du sagen, welche die Erwählte ist – sonst könnten die anderen die List bemerken.«

Harald war sehr froh und erwartete mit Ungeduld auf die Begegnung mit den Prinzessinnen. Derweil kleideten sich Alberta, Belinda, Cecilia, Daniela, Elena, Feodora und Gerda an und nahmen die sieben gleichen Tücher zur Hand, mit denen sie sich verhüllen wollten, ehe der Prinz sie zu Gesicht bekam. Die Königin trat noch einmal einzeln an jede ihrer Töchter heran, musterte die Gewänder, zupfte hier eine

Falte gerade, strich dort ein Stäubchen fort und schob bei Gerda die Gürtelschnalle ein wenig nach links. Dann sprach sie: »So, jetzt seid ihr alle bereit für den großen Augenblick. Wechselt schnell noch einmal eure Plätze, dann stellt euch in einer Reihe auf, ich lasse nun den Prinzen rufen.«

Alberta, Belinda, Cecilia, Daniela, Elena, Feodora und Gerda, alle waren sehr aufgeregt und neugierig, als sie ihre Gesichter verbargen. Welche von ihnen würde der Prinz wohl wählen? Jede glaubte, die gleiche Chance zu haben.

Dann kam Harald. Er nahm seinen Platz den verhüllten Schönen gegenüber ein und sah aufmerksam zu, wie sich eine nach der anderen langsam drehte. Die erste war es nicht. Die zweite war es nicht. Die dritte war es nicht. Die vierte war es nicht. Doch da! Die fünfte, die musste es sein: Ihre Gürtelschnalle saß nicht in der Mitte, sondern war um eine Winzigkeit nach der linken Seite hin verrutscht.

Der Prinz hingegen ließ sich nichts anmerken. Ruhig blieb er stehen und ließ auch noch die sechste und die siebente sich drehen, ehe er – scheinbar sinnend – lange seine Blicke über die sieben Prinzessinnen hinschweifen ließ. Und wie in plötzlicher Entschlossenheit trat er rasch auf die fünfte zu und sagte: »Diese soll meine Gemahlin sein!«

Alberta, Belinda, Cecilia, Daniela, Elena und Feodora enthüllten ihre Gesichter und sahen zu ihrem Erstaunen: Prinz Harald hatte wirklich und wahrhaftig Gerda gewählt!

Dagegen konnten sie sich nun nicht mehr sträuben, und so taten sie dasselbe wie der König und die Königin, sie beglückwünschten das junge Paar. Die Verlobung von Harald und Gerda wurde überall bekannt gegeben, und Freude erfasste das Land.

Alberta aber ahnte, dass ihre Eltern eigentlich lieber sie mit dem fremden Prinzen vermählt hätten, und wurde sehr traurig. Gar zu gern wäre sie an der Stelle ihrer jüngsten Schwester gewesen. Sie wollte nun gleichfalls so schnell wie möglich heiraten. Dabei war die Frage nur: Wer sollte sie erwählen? Alle Prinzen weit und breit waren ja schon im Schloss gewesen und abgewiesen worden. Keiner würde ein zweites Mal kommen. Alberta dachte hin und dachte her, bis ihr ein ganz unerhörter Einfall kam. Sie beschloss: »Heiraten will ich auf jeden Fall. Es muss ja kein Prinz sein!«

Mit diesem Gedanken schlief sie abends ein, mit diesem Gedanken wachte sie morgens auf. An einem Sonntag gegen zehn wandelte sie durch den Schlosspark. Der war sehr weitläufig und mit schönen Bäumen und Blumen bepflanzt, und sonntags stand er auch den Untertanen des Königs offen. Hier, unter den vielen Spaziergängern, hoffte Alberta, würde sicher einer sein, der für ihr Vorhaben in Frage käme. Kreuz und quer ging sie alle Wege entlang, zwei Diener folgten ihr. Es ging schon auf Mittag zu, da kam ihr ein junger Mann entgegen, der ihr auf den ersten Blick gefiel. Der klare Blick aus schwarzen Augen, das feine Lächeln und der kraftvolle weit ausgreifende Gang verzauberten sie sofort.

Sie ließ ihn vorübergehen und musterte ihn verstohlen. Dann schickte sie ihm einen ihrer Diener hinterher, der musste ihm sagen, er solle unbedingt am Montagvormittag aufs königliche Schloss kommen, dort werde er im Empfangszimmer der Prinzessinnen gebraucht. Daraufhin eilte sie nach Hause und erzählte Belinda, Cecilia, Daniela, Elena und Feodora von ihrem Plan. Die fünf wunderten sich sehr, dass ihre älteste Schwester so gegen jede Sitte handeln wollte.

Alberta versicherte ihnen jedoch, es sei der schönste Mann, den sie alle je gesehen hätten. Das machte sie neugierig. Und in der einen oder anderen – oder bei allen – erwachte der Wunsch, es vielleicht ebenso zu machen wie Alberta.

Am Montagmorgen standen Alberta, Belinda, Cecilia, Daniela, Elena und Feodora erwartungsvoll an den Fenstern des Empfangszimmers, die auf die breite Allee und die Freitreppe hinausgingen, Jede wollte als erste jenen Mann kommen sehen, den Alberta sich zum Heiraten ausgesucht hatte. Doch da kam niemand, und ihre Ungeduld wuchs.

Noch immer schauten sie aus den Fenstern, da ertönte plötzlich hinter ihnen im sonst stets stillen Schloss ein so gewaltiges Poltern und Rumoren, dass ihnen angst und bange wurde. Entsetzt fuhren sie herum, konnten aber rein gar nichts entdecken, nur der unheimliche Lärm war zu hören und wurde sogar noch lauter. Eilig liefen sie aus dem Zimmer und riefen: »Zu Hilfe, zu Hilfe! Hier ist ein Gespenst, das macht ganz fürchterlichen Krach!« Dann schickten sie einen Diener zum Empfangszimmer, er solle dort nach dem Rechten sehen. Dem war auch ängstlich zumute, aber er musste wohl oder übel hinein. Kaum war er drinnen, erkannte er: Das Gespenst sitzt im Ofen, denn genau in der Ofenecke lärmte und tobte es, als wäre da ein Dutzend Schornsteinfeger auf einmal zugange. Der Diener schaute flugs draußen auf dem Schlossvorplatz nach – und richtig! Oben auf dem Dach stand ein Schornsteinfeger, der sich mit solchem Eifer am Schornstein des Empfangszimmers zu schaffen machte, als sei dieser seit sieben Jahren ungeputzt.

»Schornsteinfeger, Schornsteinfeger!«, rief der Diener hinauf – aber der hörte ihn infolge des Lärms, den er selber verursachte, nicht und ließ sich also auch bei seiner Arbeit nicht stören. Es kam ein zweiter Diener hinzu und ein dritter, und lauthals riefen sie im Chor: »Schornsteinfeger, Schornsteinfeger! Komm herunter, nun ist's genug! Wenn du so weitermachst, bricht noch der Ofen im Empfangszimmer entzwei!« Aber der oben tat nicht dergleichen.

Da befahlen die Prinzessinnen, die Diener sollten aufs Dach steigen und den Schornsteinfeger herunterbringen. Sie mussten doch sehen, wer sie dermaßen erschreckt hatte! In der Aufregung vergaßen sie sogar, weiter nach dem Mann Ausschau zu halten, den ihre älteste Schwester heiraten wollte. Die Diener gehorchten und kletterten mit Zittern und Zagen aufs Dach, denn sie waren nicht schwindelfrei. Einer packte den Schornsteinfeger, der nun merkte, dass irgendwas nicht stimmte, am Arm, so dass ihm nichts übrigblieb, als endlich mit Fegen aufzuhören.

Alberta, Belinda, Cecilia, Daniela, Elena und Feodora blickten gespannt zur Tür, als die Diener den Unglücksraben hereinführten. Sie fragten ihn, warum er denn dies schreckliche Getöse veranstaltet hätte. Da antwortete er: »Ich dachte, der Schornstein für den Ofen der Prinzessinnen sei sehr lange nicht gefegt worden – denn gestern wurde mir gesagt, ich soll unbedingt heute Vormittag ins Schloss kommen, ich würde in ihrem Empfangszimmer gebraucht.«

Alberta erschrak bis ins Herz und trat dicht an den Schornsteinfeger heran. Sie sah ihm ins Gesicht und dann – fiel sie ihm um den Hals. Fassungslos mussten ihre Schwestern mit ansehen, wie sie ihr hellblaues Frühlingskleid über und über mit Ruß beschmutzte. Sie fürchteten, Alberta sei von einem Moment auf den anderen verrückt geworden.

Der Prinzgemahl

Die Prinzessin indessen erklärte: »Das ist der Mann, dem ich gestern morgen im Schlosspark begegnet bin.« Sie befahl einem der Diener, die ebenso wenig wussten, was von all dem zu halten sei: »Führe ihn in ein Bad, er soll sich ordentlich waschen. Danach gib ihm die besten Kleider, damit er sich standesgemäß anziehen kann, und bring ihn hierher zurück!« Die anderen Diener wies sie an, dem Schornsteinfeger jeden Wunsch, den er vielleicht äußern würde, zu erfüllen. Auch die Diener waren nun sicher, dass sie nicht mehr richtig im Kopf sei. Sicher hatte ihr der Gespensterschreck den Geist verwirrt. Aber: Alberta war eine Prinzessin, und sie waren die Diener, also gehorchten sie.

Als Belinda, Cecilia, Daniela, Elena und Feodora wieder mit Alberta allein waren, machten sie ihr heftige Vorwürfe: »Wie kannst du nur? Ein Schornsteinfeger! Du hättest dich doch erst erkundigen müssen, wer dir da über den Weg gelaufen ist, bevor du ihn ins Schloss bestellst!« Alberta aber entgegnete: »Beruhigt euch bitte! Ihr werdet sehen, was für ein prachtvoller Mensch er ist – wenn er erst einmal sauber gewaschen und schön angezogen ist. Dann werdet ihr verstehen, dass es mir ganz gleichgültig ist, welchen Beruf er einmal gelernt hat und was er sonst macht. Schornsteinfeger wird er jedenfalls ab heute nicht mehr sein! – Und jetzt will ich mich gleichfalls schnell waschen und umziehen, damit er nicht noch auf mich warten muss!«

Damit verschwand sie und ließ Belinda, Cecilia, Daniela, Elena und Feodora, die nun ernstlich bezweifelten, dass ihre älteste Schwester noch wusste, was sie tat, allein.

Gerade war Alberta, frisch und mit einem rosenfarbenen Gewand angetan, zurückgekommen, da klopften die Diener an die Tür. Sie meldeten, der Schornsteinfeger sei gewaschen und angekleidet, und fragten, ob sie ihn ins Empfangszimmer führen sollten. »Natürlich sollt ihr das, und zwar sofort! Und fragt ihn, wie er heißt!«, rief Alberta ungeduldig.

Dann trat Hans durch die Tür, und niemand hätte vermutet – außer Alberta, die wusste es ja –, dass dies der Schornsteinfeger sei. Regelrecht vornehm sah er aus, lächelnd und ohne eine Spur von Unsicherheit blieb er in gebührender Entfernung stehen und grüßte die Prinzessinnen, indem er den Kopf leicht neigte. Belinda, Cecilia, Daniela, Elena und Feodora kamen aus dem Staunen nicht heraus und stellten wieder einmal fest, dass sie alle den gleichen Geschmack hatten.

Wie aber sollte es weitergehen? Die Prinzessinnen versprachen einander, dem König oder der Königin keinesfalls zu verraten, dass der Mann, den Alberta heiraten wolle, Schornsteinfeger sei. Den Dienern machten sie weis, er sei in Wirklichkeit ein Prinz aus fernen Landen und habe sich nur zum Spaß als Schornsteinfeger verkleidet.

Ja, und Hans? Der wunderte sich nicht wenig, als er erfuhr, wie alles zusammenhing, und dass er eine Prinzessin heiraten sollte. Zum Glück hatte er bisher keine Zeit gehabt, sich nach einer Frau umzusehen, er war frei und ledig. Und Alberta gefiel ihm natürlich auch! So war er einverstanden und versicherte, alles lernen zu wollen, was ein Prinzgemahl wissen muss.

Das tat er, und es dauerte nicht lange, bis sie Hans dem König und der Königin als den Mann vorstellen konnten, den die älteste der Prinzessinnen heiraten wolle. Zwar sei er kein Prinz, aber er habe sich stets auf höchster Ebene bewegt. Der König fragte nicht weiter nach, war er doch froh, wieder für eine seiner Töchter einen Mann gefunden zu haben. Die Königin sagte auch nicht Nein und meinte, Alberta habe eine sehr gute Wahl getroffen. Am nächsten Tag wurde zum zweiten Mal in kurzer Zeit eine Verlobung im Herrscherhaus bekannt gemacht, und wie beim ersten Mal herrschte allgemeine Freude.

Noch ehe der Herbst ins Land zog, gab es eine glänzende Doppelhochzeit im Schloss: Harald und Gerda, Alberta und Hans. Zu diesem Fest waren so viele Gäste eingeladen, dass wohl auch Belinda, Cecilia, Daniela, Elena und Feodora fanden, was sie suchten.

Der alte König musste nun bestimmt nicht mehr fürchten, dass sein Thron verwaist.

Und wenn sie noch leben ... ja, dann ... genießen sie bis heute ihr Glück.

Es war also wirklich und wahrhaftig egal, ob jemand als Prinz oder als Schornsteinfeger zur Welt gekommen war – eine Prinzessin kriegte er auf jeden Fall. Nur klug und schön und freundlich sollte er sein. Wenn das so ist, dachte Marie, bekomme ich vielleicht auch eines Tages einen Prinzen, der mich liebhat und mir alle Wünsche erfüllt. Falls es im richtigen Leben überhaupt noch Prinzen gibt. Jedenfalls schien es ihr schon nicht mehr so schlimm zu sein, dass sie nicht gut malen konnte. Irgendwas würde es geben, womit ihr Leben zu etwas ganz Besonderem werden konnte.

Und weil der Großvater merkte, dass Marie noch immer über ihre Zukunft nachgrübelte, und weil er hoffte, sie habe ein wenig von seiner eigenen künstlerischen Ader geerbt, ging er am darauffolgenden Samstag mit ihr zur Kunsthochschule der Burg Giebichenstein. Jetzt wird ja dort in jedem Jahr zu einem »Tag der offenen Tür« eingeladen, an dem die Besucher überall umhergehen und den Studenten und Professoren in den Werkstätten über die Schulter schauen können. Das gab es damals noch nicht, aber mit ein wenig Glück und wenn die Burgleute sahen, dass jemand an ihrem Tun interessiert war, durfte man ausnahmsweise doch einmal hinein. Marie und der Großvater hatten Glück. Fast eine Stunde lang schauten sie den fleißigen Studenten zu, wie sie an Schraubstöcken sperriges Metall bearbeiteten, an der Drehscheibe kunstvolle Keramikteile fabrizierten und an Webstühlen fantasievolle Muster in bunte Stoffbahnen wirkten. Ein freundlicher Werkstattmeister beantwortete alle ihre Fragen und führte sie dann zu zwei große Kisten, in denen missratene Abfallstücke von Tellern, Vasen und Krügen lagen. Er erlaubte ihnen, ein Stück als Andenken mitzunehmen. Der Großvater entschied sich für einen weißen Teller mit dunkelblauen Punkten, von denen einer ein bisschen zerlaufen war. Marie nahm eine schmale hellgrüne Vase, deren Boden hatte ein Loch, aber das sah man nicht. Sie bedankten sich, und der Großvater verstaute die Schätze sorgsam in seiner Segeltuchtasche. Auf der Burggrabenbrücke drehte Marie sich noch einmal um und winkte, doch ihr Begleiter war schon verschwunden.

Sie gingen hinüber zum Amtsgarten, wo im Schatten eines alten Ahornbaums eine Bank stand, die zum Vorlesen und Zuhören genau richtig war. Und wie nicht anders zu erwarten, fand der Großvater, als habe er sie extra zu den

Der Giebichenstein

Erlebnissen dieses Tages geschrieben, eine Geschichte in seinem Buch.

Oder las er Marie mit diesem letzten Märchen etwa einen Wunschtraum seines eigenen Lebens vor?

Der Bildhauer

Da war mal eine Häuslerfamilie, die hatte einen einzigen Sohn, und der hieß Robert. Schon als Knabe war er geschickt im Umgang mit Holz und Ton. Manch hübsches Bildwerk hatte er selbst gefertigt, und es war von Freunden und Bekannten bewundert worden. Deshalb hatten ihn seine Eltern, nachdem seine Schulzeit vorüber war, zu einem Steinmetz im Nachbardorf in die Lehre gegeben. Das entsprach Roberts Neigung, und so war er es zufrieden.

Am einem Sonntag, den er daheim verbrachte, sagte die Mutter zu ihm: »Robert, sei so lieb, und hol uns noch etwas Holz aus dem Wald, wir haben letzte Woche alles aufgebraucht, und wie sollte ich ohne Holz kochen? Du musst es aber bald tun, denn in zwei Stunden wird es schon dunkel sein.«

Robert erfüllte seinen Eltern gern jeden Wunsch, und so sprang er gleich auf, holte den Handwagen aus dem Schuppen, lud Axt und Säge darauf und ging los. Im Wald angekommen, nahm er sich nicht die Zeit, lange nach dem richtigen Baum zu suchen, sondern machte sich bei dem ersten besten ans Werk. Es war eine kleine Buche, deren Laubkleid schon, wie das der anderen Bäume, in bunten Herbstfarben prangte. Erst als er fast fertig war und sich ein wenig ausruhte, schaute er sich die Buche näher an. Da tat ihm seine Wahl beinahe leid, denn so gerade und regelmäßig wie dieser wächst selten ein Baum. Doch es war zu spät – noch drei Schläge mit der Axt, und die schöne Buche fiel um.

Als sie so dalag, bemerkte Robert mit einem Mal einen einzelnen Zweig, der noch sommerlich grünte, während das Laub an allen anderen Ästen und Zweigen so rostrot leuchtete wie in jedem Oktober. Und diese grünen Blätter waren auch irgendwie anders geformt, als man es von Buchenblättern kennt. Aber Robert dachte nicht darüber nach, er wollte vor Einbruch der Dunkelheit wieder zu Hause sein.

Gerade hatte er begonnen den Stamm zu zersägen, und zwar nahe bei dem grünen Zweig, da glaubte er plötzlich, dicht neben sich ein leises, feines Stimmchen zu hören. Erstaunt sah er sich um, aber niemand war da. »Ich muss mich geirrt haben, ich bin ja hier ganz allein im Wald«, dachte er und wandte sich wieder der Arbeit zu. Nun aber hörte er deutlich seinen Namen rufen: »Robert, Robert!« Vor Schreck ließ er die Säge los, da fuhr die Stimme fort: »Erschrick nicht! Ich bin es, der dich ruft, der grüne Zweig. Mach mich nicht entzwei! Hau mich mit einem großen Stück Holz aus dem Stamm heraus. Denn ich bin ein Fremdling, und meine Wurzeln stecken im Buchenholz, die darfst du nicht verletzen. Pflanz mich mit dem Holzstück in einen großen Topf und gib mir jeden zweiten Tag Wasser. Das darfst du nie vergessen, selbst wenn viele Jahre darüber vergehen! Im kommenden Sommer erzähle ich dir mein Geheimnis. Das Buchenholz wird dann schon vermodert sein. Du musst dich auch nicht wundern, wenn ich niemals wachse, dafür werde ich das ganze Jahr über grünen und immer Blüten tragen. Im Winter nimm mich mit ins Haus, da ist es draußen für meine Blüten zu kalt. Warum das so ist, sage ich dir gleichfalls im nächsten Jahr. Vor allem aber darfst du niemandem verraten, dass ich mit dir gesprochen habe. Und du musst mich immer selber gießen. Nur wenn es gar nicht anders geht, darfst du jemand anderen darum bitten.«

Robert war fassungslos. Trotzdem tat er alles, was der Zweig von ihm verlangte. Schnell zersägte er den Baum, lud die Stücke auf den Wagen und fuhr heim. Als er ankam, war es fast dunkel, und seine Eltern hatten schon besorgt Ausschau gehalten, weil ihr Sohn viel länger fortgeblieben war als sonst.

Unterwegs hatte Robert ein altes leeres Fass gefunden und mitgenommen. Jetzt sägte er den oberen schadhaften Teil ab und füllte die untere Hälfte mit Erde. Da hinein pflanzte er den Zweig und nahm ihn mit ins Haus, denn der Winter war nicht mehr weit. Nie versäumte er, den Zweig rechtzeitig zu begießen. Der grünte und blühte zum Dank immerfort, und wenn die Eltern zuweilen fragten, was das für ein seltenes Gewächs sei und woher er es habe, dann lächelte Robert nur und schwieg. Irgendwann gaben sie das Fragen auf und freuten sich einfach an den schönen Blüten und ihrem Duft.

Das Jahr, in dem Robert immer noch alle Tage – nur am Sonntag nicht – fleißig zu seinem Lehrmeister ging und dort mancherlei lernte, verging. Robert war sehr gespannt, was ihm der Zweig nun wohl erzählen würde. Er wartete, bis seine Eltern einmal ausgegangen waren, damit nur ja niemand lauschte, und setzte sich erwartungsvoll neben das halbe Fass. Leise redete der Zweig: »Vor einigen Jahren ging einmal die älteste Tochter des berühmten Bildhauers Professor

Steinfeld aus der Hauptstadt hier im Wald spazieren. An meiner Buche blieb Marta stehen und freute sich über den schönen Baum. Sie holte ein Taschenmesser hervor, um einen Zweig abzuschneiden und ihn als Andenken mitzunehmen. Dabei schnitt sie sich so arg in die Hand, dass das Blut nach allen Seiten spritzte. Auch die Stelle, wo sie den Zweig abgeschnitten hatte, war ganz rot von Blut. Später wuchs dort ein neuer Zweig, aber das Mädchenblut ließ ihn recht fremd aussehen – dieser Zweig bin ich.«

»Und was ist mit dem armen Mädchen passiert?«, fragte Robert voll Mitgefühl. »Das ist eine sehr traurige Geschichte«, sprach der Zweig. »Es gelang Marta noch, sich nach Hause zu schleppen, aber die Verletzung war so schlimm, dass kein Arzt ihr helfen konnte, und sie musste sterben. Du aber hast mich mitgenommen, gehegt und gepflegt und das Geheimnis bis heute bewahrt. Darum sollen dir nun meine Blüten auf deinem Lebensweg hilfreich sein. Hör mir gut zu:

Brich deine Lehre bei dem Steinmetz ab und geh zu Professor Steinfeld in die Hauptstadt. Bitte ihn, dich weiter auszubilden. Zu diesem Zweck darfst du dir eine Blüte von mir abbrechen. Es wächst bald eine neue nach. Du aber musst die Blüte, die du gepflückt hast, an deine Jacke stecken. Wenn der Professor sie sieht, wird er dir gleich freundlich gesonnen sein – denn diese Blüte enthält zu einem winzigen Teil das Blut seiner unglücklichen Tochter. Und so wird er dich zuerst in seine Lehre nehmen, dann zum Gehilfen und schließlich zu seinem Mitarbeiter machen. In seinem Atelier steht eine Statue, deren seltenes Ebenmaß man nur zu ahnen vermag, denn stets ist sie von einem dunklen Tuch verhüllt. Diese Arbeit war gerade halb fertig, als Marta starb – und so musste der Vater sie ohne das geliebte Modell vollenden. Wenn du nun genug bei ihm gelernt haben wirst und zum ersten Mal selbst eine weibliche Skulptur erschaffen willst, soll dir mit meiner Hilfe ein einzigartiges Werk gelingen. Ohne das Mädchen je gesehen zu haben, wirst du Martas genaues Abbild aus dem Stein herausmeißeln. Das wird der erste Schritt auf deinem Weg zu einem berühmten Künstler sein. Wie das geschehen kann, erkläre ich dir ein andermal.«

»Ich werde vielleicht mehrere Tage fort sein«, wandte Robert ein. »Ja«, sprach der Zweig, »es wird nicht anders gehen. Bitte deshalb deine Mutter, mich am zweiten Tag zu begießen.«

Robert tat wie ihm geheißen, die Mutter versprach, den Zweig am zweiten Tag zu begießen, und Robert fuhr in die Hauptstadt. Im Haus des Kunstprofessors wurde er wie erwartet empfangen, und schon mit Beginn des nächsten Monats sollte er dort seine Lehrzeit beginnen.

Aber die Reise hatte länger gedauert, als er dachte: Erst am späten Abend des vierten Tages kam er zurück. Schon auf dem letzten Stück Weg, ehe er das Haus seiner Eltern erreichte, beschlich ihn gewaltige Angst. Würde die Mutter seinen Zweig auch heute begossen haben? Er hatte ja nur vom zweiten Tag gesprochen … So schnell er konnte, eilte er an seinen verwunderten Eltern vorbei die Treppe zu seiner Kammer hinauf. Gerade als die Kirchturmuhr anfing zwölf zu schlagen, um unwiderruflich die Mitternacht und damit den Beginn des neuen Tags anzuzeigen, stand er vor seinem Zweig. Der steckte mit hängenden Blättern und müden Blüten in trockener Erde. Sofort holte Robert Wasser – und mit dem vorletzten Glockenschlag begoss er den Zweig! Der erholte sich so erstaunlich schnell, dass man dabei zusehen konnte, und Robert fiel ein Stein vom Herzen. Zugleich entschied er sich, den Zweig in die Hauptstadt mitzunehmen, um selbst für ihn zu sorgen, sobald er seine Lehre bei Professor Steinfeld anträte.

Bald war der Monat zu Ende. Und so sehr er sich auf die Hauptstadt und die neue Lehrzeit freute, fiel ihm doch der Abschied schwer, denn es würde wohl ein ganzes Jahr vergehen, ehe ihn der Meister zum ersten Mal für einen Urlaub daheim wieder ziehen ließ. Lange hielten seine Eltern Robert in ihren Armen und gaben ihm viele gute Ratschläge mit auf den Weg, dann reiste er ab. Sein neues Leben füllte ihn vollkommen aus, so dass er kaum Zeit fand, an die Trennung von seinen Lieben zu denken. Er lernte viel, war immer freundlich und fleißig, sodass Professor Steinfeld seine Freude an ihm hatte und ihn oft lobte. Und niemals vergaß Robert, rechtzeitig seinen Zweig mit frischem Wasser zu begießen.

Als ein Jahr vergangen war, sollte er endlich nach Hause fahren dürfen. Den Zweig nahm er natürlich mit. Die Freude seiner Eltern war groß, sie umarmten und küssten ihren Sohn und wollten ihn gar nicht wieder loslassen. Sie erzählten einander, was sie im verflossenen Jahr erlebt hatten – Robert in der Hauptstadt und die beiden Alten in ihrem Dorf. Alle Tage waren die drei zusammen und dachten nicht daran, wie kurz zwei Wochen sind. Viel schneller als sonst verging die Zeit.

Als Robert am letzten Tag in seine Kammer kam, sprach plötzlich wieder sein Zweig zu ihm: »Wenn du nun wieder in die Hauptstadt kommst, wird dir der Professor größere Aufgaben geben als im ersten Jahr, denn er hat gesehen, dass du schon selbständig arbeiten kannst. Nimm dir also wie letztes

Jahr eine meiner Blüten, dann wird dein Werk gut, und mir wächst eine Blüte nach. Jedesmal wenn du etwas Neues beginnen willst, pflückst du zuvor eine Blüte und behältst sie bei dir. So wird dir alles gelingen. Du darfst aber an nichts anderes als an deine Arbeit denken und daran, dass du ein berühmter Bildhauer werden willst. Und solange dir der Professor noch nicht gesagt hat, dass deine Ausbildung bei ihm beendet sei, darfst du keinem Mädchen dein Herz schenken. Tust du es doch, gehe ich ein und kann dir nie mehr mit meinen Blüten helfen.«

Am nächsten Morgen begab sich Robert wieder auf den langen Weg in die Hauptstadt. Wie es der Zweig vorhergesehen hatte, währte es nicht lange, und sein Lehrherr gab einen Auftrag an ihn weiter, damit er zeigen könnte, was in ihm steckte und was er bei ihm gelernt hätte ...

Inzwischen war auch die zweite Tochter des Professors herangewachsen, die zu der Zeit von Martas Unfall und Tod fast noch ein Kind gewesen war. Schon oft hatte Carina ihren Vater von Robert reden hören und davon, welch großes Talent sich da unter seiner Leitung zu entfalten begann. Als nun Roberts zweites Jahr im Atelier ihres Vaters begann, gab sie ihrer Neugier nach und schaute ihm ab und an ein Stündchen bei seiner Arbeit zu. Robert bemerkte das wohl, aber er dachte an seinen Zweig und hielt lange sein Herz fest.

Doch eines Tages – eben war ihm wieder ein Werkstück glänzend gelungen – rief Carina aus: »So etwas Schönes gibt es ja nirgendwo auf der Welt ein zweites Mal!«, und ihre meerblauen Augen leuchteten vor Freude. Da bezwang sich auch Robert nicht länger und erwiderte ihren liebevollen Blick.

Aber ach! Am Abend erkannte er seinen lieben Zweig kaum wieder: Alle Blätter hingen wie tot herab, die Blüten waren so schlaff, als hätte er tagelang das Gießen versäumt.

Das sollte ihm, schwor er sich, nicht noch einmal passieren! Von nun an lebte er nur noch für seine Kunst und für den ihm vorbestimmten Weg als Künstler. Es gab nur eines, dem er neben der Bildhauerei noch Beachtung schenkte, das war sein Zweig, den er wie seit Jahren an jedem zweiten Tag mit frischem Wasser begoss. Und jedesmal, wenn er eine neue Arbeit in Angriff nahm, brach er zuvor eine Blüte ab und trug sie bei sich, bis das Werk beendet war.

Auf diese Weise verging Jahr um Jahr, die einzige Abwechslung in den Sommern waren die zwei Wochen, in denen er auf Besuch zu seinen alten Eltern fuhr.

Endlich gab ihm Professor Steinfeld einen besonders schönen, mächtigen Marmorblock. »Darinnen ist die schönste Mädchengestalt aller Zeiten verborgen«, verriet er Robert, »gelingt es dir, sie aus dem Stein herauszuhauen, soll das dein Meisterstück sein, dann hast du bei mir ausgelernt.« Robert war sehr feierlich zumute, als er zur Antwort gab: »Ja, das will ich versuchen. Gleich morgen früh fange ich an.«

Am Abend trat er zu seinem Zweig und war sehr gespannt, was dieser ihm zu sagen hätte. Und kaum hatte er sich ihm zugeneigt, als das vertraute feine Stimmchen ertönte: »Nun ist es soweit, dass du mich nicht mehr brauchst. Du bist standhaft geblieben und hast dich tapfer dagegen gewehrt, dich in Carina zu verlieben. Bald wirst du befreit sein von diesem Zwang. Darum zerschneide mich jetzt bitte in hundert kleine Stücke und lege diese in eine Schüssel mit klarem, frischem Wasser. Über Nacht wird das Wasser all meinen Saft

Der Bildhauer

in sich aufgenommen haben und zugleich Martas Blut. Ehe du morgen früh an die Arbeit gehst, und genauso an den folgenden Tagen, tauch deine beiden Hände für hundert Augenblicke in dieses Wasser ein, dann wird alles zu einem guten Ende kommen!«

Da erwiderte der Bildhauergeselle: »Das kann ich nicht, du bist mir in all den Jahren so lieb geworden – wie soll ich dich töten können?!« – »Du musst es tun«, sprach streng und ernst der Zweig, »sonst war alle Mühe umsonst.« Da nahm er schweren Herzens ein Messer zur Hand und tat wie ihm geheißen.

Am nächsten Morgen begann er sein bisher größtes Werk, das auch das schönste werden sollte. Allmählich wuchs aus dem kalten Stein eine wunderschöne Mädchengestalt, und dem alten Professor wurde weh und warm ums Herz, wenn er sie anschaute: Täglich ähnelte sie seinem geliebten toten Kind mehr. Ebenso wie der Vater bewunderte Carina das entstehende Kunstwerk, das ihrer Schwester Marta, an die sie sich nur dunkel entsann, bald wie ein Haar dem anderen glich.

Sie hatte sich, seit Robert sie scheinbar nicht mehr beachten wollte und nur noch für seine Arbeit lebte, still zurückgezogen und bloß selten an jenen Moment zurückgedacht, da er sie vor langer Zeit liebevoll angeschaut und so sein Innerstes offenbart hatte. Es musste seinem Leben ein Rätsel innewohnen, das fühlte sie, und irgendwie war es wohl mit jenem seltsamen Zweig verbunden, den er all die Jahre sorgsam pflegte und nie zu begießen vergaß.

Als nun Martas Bild unter den Händen des jungen Künstlers neu erstand, rief sie begeistert aus: »Mir ist, als wolle sie gleich den Mund auftun und zu uns sprechen, so naturgetreu hast du ihr Ebenbild erschaffen!« Da freute sich Robert insgeheim, wusste er doch nun, auch sie hatte all die Zeit über jenen innigen Augenblick in ihrem Herzen bewahrt ... Wie schwer war es ihm manches Mal gefallen, an nichts anderes zu denken als an sein Ziel, das er nur mit Hilfe seines Zweiges erreichen konnte! Und seit er nun dem Marmor das Mädchen abrang, fühlte er den ebenso unerklärlichen wie unerfüllbaren Wunsch in sich wachsen, der Stein möge doch endlich lebendig werden. Sobald der Abend niedersank und die Figur im Halbdunkel verschwamm, glaubte er zuweilen, sie sich bewegen zu sehen, und war jedesmal enttäuscht, wenn er erkannte, dass dies ein Irrtum war.

Endlich, an einem späten Nachmittag, hatte er die allerletzte Unebenheit am Saum des Gewandes geglättet und das Werk war vollendet. Im selben Moment wurde Robert bewusst, wie ähnlich das steinerne Antlitz dem von Carina war und dass er ja nur solange sein Herz nicht verschenken durfte, wie seine Ausbildung zum Bildhauer bei Professor Steinfeld dauerte. Jetzt stand sein Meisterstück fertig da – und er war frei.

Er ging auf Carina zu und lächelte wie damals. Ihre Augen leuchteten auf und sie warf sich in seine Arme. Martas Abbild aber wurde in der nächsten großen Kunstausstellung gezeigt, von allen bewundert und von der Jury mit dem ersten Preis belohnt. Die Stadtväter erwarben die Skulptur und stellten sie auf einem Hügel im Stadtpark auf.

Der alte Bildhauermeister sah mit Wohlgefallen, dass Robert und Carina, wie er es schon lange erhofft hatte, in Liebe zueinanderfanden. Zur Hochzeit luden sie Roberts Eltern aus dem fernen Dorf und alle Kunstfreunde der Hauptstadt ein.

Und wenn sie noch leben ... ja, dann ... genießen sie bis heute ihr Glück.

Zu ihrem zwölften Geburtstag schenkte der Großvater Marie das Märchenbuch und sprach: »Heb es gut auf! Wenn du es wirklich willst, wirst du später selbst darin lesen können. Und vielleicht liest du dann eines Tages all das deinen eigenen Kindern vor.«

Beim Abschied drückte er das Mädchen, das sich ein wenig gegen die ungewohnte Zärtlichkeit sträubte, fest an seine Brust. Aus dem offenen Abteilfenster winkte er ihr noch lange mit seinem großen, rotweißkarierten Taschentuch. Marie sah es im Fahrtwind flattern, bis der Zug in eine Kurve bog. Der Großvater schloss das Fenster, ließ sich in seinen Eckplatz fallen und schaute hinaus. Er saß absichtlich so, dass er rückwärts fuhr. Gedankenversunken blickte er auf Häuser, Straßen und Türme, die langsam entschwanden, und seufzte: »Halle an der Saale – ja wirklich, eine schöne Stadt!«

Bald nachdem er wieder zu Hause war, bekam er einen Brief von Marie, der war viel dicker als Briefe sonst zu sein pflegen, und er musste Nachporto bezahlen. Verwundert schlitzte er mit seinem schartigen Taschenmesser den Umschlag auf und las:

»Lieber Großvater, ich habe auch ein Märchen geschrieben. Von einer Nixe, die gern fliegen möchte, weil sie in Wirklichkeit ein verzauberter Vogel ist. Das wollte ich dir eigentlich zum Abschied geben, damit du unterwegs was zum Lesen hast. Aber da war es noch nicht fertig. Darum kommt es nun mit der Post, und ich wünsche mir, dass du es magst.«

Der Großvater fand das Märchen wunderschön, das schrieb er Marie. Und er wäre wohl gern noch viele Male nach Halle gekommen. Aber seine Zeit war um: Im Jahr darauf starb er in seinem alten Haus auf der Insel.

Und das Märchenbuch?

Ja, das war es doch eben. Auch Maries Kinder kennen es längst. Und wer weiß, ob es nicht irgendwann auch ihren Enkeln und Urenkeln gefallen wird.

Solange sie leben ... ja, was ... genießen sie ihr Glück und lesen bis heute immer wieder darin.

Ein paar Worte zum Schluss

Robert Buchholtz (1886-1960) stammte aus sehr gutem Hause im heute polnischen Posen, sein Vater wurde sogar zum Königlichen Kammergerichtsdirektor berufen. Auch er selber war zuerst recht reich, später aber ziemlich arm, bis er schließlich unbemerkt starb.

Als junger Mann war er, und erzählte das oft, mit dem nie gekrönten deutschen Kronprinzen bekannt. Er studierte, auf Wunsch der Eltern, Jura in Breslau und dann, den eigenen Neigungen folgend, in Freiburg im Breisgau Landwirtschaft – doch zu einem ordentlichen Abschluss kam es nie. Die zweite Hälfte des Lebens, bereits in familiären Banden gefangen, verbrachte er zum größten Teil im einst mondänen Badeort Binz auf Rügen.

Hausbesitzer und Hobbygärtner, Gelegenheitsdichter, Freizeitmaler, Weltverbesserer und Despot, Lebenskünstler und Spekulant – all das ist er gewesen, auch Vater von drei lebenslustigen Töchtern und zwei glücklosen Söhnen. Von den sechs zu seinen Lebzeiten geborenen Enkelkindern (später kamen vier weitere hinzu, die er leider nicht mehr kennenlernen konnte), war ihm unerklärlicherweise das (anfangs gar nicht erwünschte, weil unehelich gezeugte) älteste am liebsten.

Als es vier oder fünf Jahre alt war, begann er dem Mädchen die Welt zu erklären und las ihr seine selbstverfassten Märchen vor.

Jahrzehnte später nahm ich das Märchenbuch wieder zur Hand. Es fiel mir schwer, die verblichene Bleistiftschrift zu entziffern. Ich erinnerte mich, schon als Kind in der Familie ab und an den Satz gehört zu haben: Das müsste man mal drucken lassen!

Ja, warum nicht? Daraus wird ein Buch! Um diese Idee zu verwirklichen, brauchte es eine Menge Arbeit. Meine Mutter, Hildburg Fuhrmann (geborene Buchholtz, geboren 1925), und mein Bruder, Klaus Fuhrmann (geboren 1966), halfen mir bei der Transkription aus der längst nicht mehr gebräuchlichen alten deutschen Schreibschrift. Danach erst begann ich, die Märchen zu bearbeiten, und baute ihnen aus Erinnerungen und Fantasie einen Rahmen, in dem sich, trotz all ihrer Verschiedenheit, ein jedes nach seinem Charakter entfalten kann. (Sollte ich dabei – nach einem halben Jahrhundert! – das eine oder andere Detail der halleschen Fünfzigerjahre ungenau dargestellt haben, bitte ich um Nachsicht.)

Da war also mal am Anfang eine vage Idee, am Ende ist es ein richtiges Buch! Und sicher nicht nur in der weit verzweigten Buchholtz-Dynastie wird es immer wieder große und kleine Kinder geben, die an diesen eigenwilligen Märchen Freude haben, sich vielleicht irgendwann selber Geschichten ausdenken und sie aufschreiben für andere.

Maries erstes Märchen, das sie dem Großvater auf seine Insel geschickt hatte, ging verloren, aber die Lust am Fabulieren lebt in der Familie fort. Maries Tochter Martina fing eines Tages ebenfalls an, poetische Geschichten zu verfassen. Sie war zehn Jahre alt, als sie mir ihr erstes eigenes Märchen zeigte:

Von Kuschlis und anderen wichtigen Dingen

Es war einmal vor unendlich langer Zeit, da lebten in einem fernen Land, wo ewig Sommer war, Menschen, Tiere, Feen, Zauberer, Drachen und Zwerge friedlich und glücklich miteinander. Die Menschen waren sehr liebenswert und hatten die Angewohnheit, stets irgendwelche hübschen Kleinigkeiten in der Tasche zu haben, um sie zu verschenken, wenn sie sich auf der Straße oder im Park trafen. Dabei umarmten sie einander und wünschten sich gegenseitig Glück und Gesundheit. Diese Aufmerksamkeiten nannten sie Kuschlis. Jeder hatte die Taschen voll davon und so auch stets die guten Wünsche seiner Freunde dabei. War einer mal traurig, dann steckte er einfach die Hand in die Hosentasche – und gleich fühlte er sich weder einsam noch verlassen.

Doch eines Tages wurden einem von ihnen die ständig ausgebeulten Hosentaschen lästig. Immer so ein Herumschleppen – wozu soll das überhaupt gut sein, fragte er sich und schmiss alle seine Kuschlis in den Müll. So kam es, dass dieser Mensch bei der nächsten Gelegenheit zwar wieder so ein Kuschli zugesteckt erhielt, selbst aber keines weitergab. Sein Gegenüber wunderte sich und dachte, das wäre wohl neuerdings nicht mehr üblich. Deshalb verschenkte er seinerseits von nun an auch keine Kuschlis mehr. Damit begann eine lange, unglückliche Kette. Immer weniger Menschen verschenkten ihre Kuschlis, immer seltener bekam jemand welche und immer mehr Hosentaschen blieben leer.

Und plötzlich tauchte eine kleine Boshaftigkeit auf – das war ein Neidi. Das hüpfte von Mensch zu Mensch, wurde angenommen, weitergereicht und wuchs unaufhörlich. Aus vielen der herumschwirrenden Neidis wurden schließlich Frostis, die von den Menschen Besitz ergriffen. Die Frostis waren kalt, böse und glanzlos – aber überall. Unter den vielen Menschen gab es nur noch ganz wenige, die weiterhin Kuschlis verteilten und versuchten, einander wieder Freude zu schenken.

Es ist wichtig, die Taschen voller Kuschlis zu haben, sie an Bedürftige weiterzugeben und hin und wieder selbst eins zu bekommen. Wenn du mal einen Menschen siehst, der Trost braucht, reich ihm einfach eine deiner Kleinigkeiten und wünsch ihm Gesundheit und Glück. Vielleicht versteht er dich, und ihr erinnert euch beide an das Land der Kuschlis, Neidis und Frostis.

Martina und Marie sind sich einig, dass man natürlich auch dieses Märchenbuch wie ein Kuschli weiterreichen kann.

Margarete Wein
Halle, im Sommer 2010

Von Kuschlis und anderen wichtigen Dingen

Alte Märchen im Blick junger Künstler und Halle – wie Ullrich Bewersdorff es sah

Zu den Bildern im Buch

Kritisch betrachtet, fällt vielleicht zuerst die Heterogenität der Illustrationen in diesem Buch auf. Aber in Wirklichkeit passt alles – trotz großer Unterschiede – gut zueinander. Denn der Umgang mit Märchen ist doch, genau genommen, Teil des allenthalben erwünschten lebenslangen Lernens. Hier nun begegnen dem Leser Interpretationen des Lebens aus Schüler- und Lehrersicht. Die sehr individuell gestalteten Zeichnungen zu den dreizehn Märchen des Großvaters – manche sparsam auf das Wesentliche konzentriert, andere absichtsvoll Klischees bedienend oder fantasievoll und verspielt – stammen von Schülern des Burggymnasiums in Wettin; sie entstanden im Frühjahr 2010 unter fachkundiger Anleitung der Kunstlehrerin und Diplom-Designerin Marita Voigt.

Die Stadt Halle hingegen wird mit Werken aus der Hand des 2008 verstorbenen Künstlers Ullrich Bewersdorff ins Bild gesetzt. Seine pommersche Heimat an der 0stseeküste war durch den Krieg für ihn verloren, nach der russischen Gefangenschaft verschlug es ihn nach Mitteldeutschland. In Halle an der Saale studierte er, seiner Neigung entsprechend, an der Hochschule für Kunst und Design Burg Giebichenstein und an der Universität, ehe er für zehn Jahre als Kunsterzieher in den Franckeschen Stiftungen an der Latina wirkte. 1962 übernahm er an der Martin-Luther-

Universität Halle-Wittenberg eine Dozentur mit künstlerischem Lehrauftrag, die er bis zum offiziellen »Ruhestand« 1985 innehatte. Doch auch danach blieb er tätig und kreativ und begleitete, unablässig malend und zeichnend, das Schicksal »seiner« Universität. Er porträtierte Prominente aus Wissenschaft, Kunst und Politik – etwa den ersten Nach-Wende-Rektor der Alma Mater halensis Günther Schilling, den Gründungsdekan Hans-Hermann Hartwich und den Ehrensenator der Universität Hans-Dietrich Genscher, doch auch Catarina Valente, Wolf Biermann, Juliette Greco – sowie immer wieder seine neue Heimatstadt.

Ein halbes Jahrhundert lang präsentierte er seine Werke – Grafiken, Holzschnitte, Ölbilder, Aquarelle, Exlibris und vieles mehr – in kleinen und großen Ausstellungen der kritischen Öffentlichkeit. So wurde sein Œuvre nicht nur in Halle, sondern auch in Berlin, Leipzig, Dresden und Frankfurt am Main bekannt, in Krakau, Odessa und Budapest, ebenso in Kanada, Dänemark, Schweden und in der Schweiz.

Die Witwe des Künstlers, Rosemarie Bewersdorff, suchte aus dem Fundus seiner Halle-Bilder zur Rahmengeschichte des Märchenbuchs passende Holzschnitte und Federzeichnungen aus. Für ihr Einverständnis zum Abdruck sei ihr herzlich gedankt.

Da Ullrich Bewersdorff in seiner langen künstlerischen und kunstpädagogischen Laufbahn oftmals Schülern, Studenten und anderen Kunstinteressierten in Mal- und Zeichenzirkeln Wege zu eigenem Schaffen wies, darf man sicher sein, dass ihm selbst, der mit Leib und Seele Lehrer war, die hier gewählte Verbindung seiner Bilder mit Schülerzeichnungen gewiss gefallen hätte.

Die Märchen wurden illustriert von:

Anna-Maria Sträßner
   Zwei Ritter · Mischtechnik 12
Hong Mai Dang
   Die Kröte · Federzeichnung 19
Lisa Weißenborn
   Das Zwergenvolk · Mischtechnik 28
Isabel Völz
   Osterfrösche · Federzeichnung 45
Philine Stich
   Das Felseneiland · Bleistiftzeichnung 53
Hanna Tauer
   Die versunkene Burg · Federzeichnung 71
Alexander Dumke
   Der Zauberstab · Federzeichnung 91
Juliane Rehnert
   Das Hexenhäuschen im Walde · Bleistiftzeichnung 105
Alexander Dumke
   Die Mühle · Federzeichnung 115
Annemarie Haak
   Das Storchnest · Mischtechnik 132
Vicky Forberger
   Der Bergsteiger · Bleistiftzeichnung 142
Marie-Luise Schneider
   Der Prinzgemahl · Mischtechnik 162
Elisa Jorgas
   Der Bildhauer · Bleistiftzeichnung 176
Morgana Maiwald
   Von Kuschlis und anderen wichtigen Dingen · Aquarell ... 185

Aus dem Werk von Ullrich Bewersdorff wurden ausgewählt:

Die Burg Giebichenstein · Holzschnitt .... Titel
Saale am Giebichenstein · Holzschnitt 7
Zither-Reinhold · Holzschnitt 16
Drei Katzen · Holzschnitt 23
Halle, Markt · Holzschnitt 39
Abschied der Arche · Holzschnitt 48
Francke-Denkmal · Holzschnitt 62
Botanischer Garten · Federzeichnung 83
Hallesche Heide · Federzeichnung 99
Mühle und Moritzburg · Holzschnitt 111
Die Universitätslöwen · Holzschnitt 127
Panorama Giebichenstein · Holzschnitt 135
Der Friedemann-Bach-Platz · Federzeichnung 153
Der Giebichenstein · Holzschnitt 167

Die Autorin

Margarete Wein wurde (mit dem Familiennamen Buchholtz) 1947 in Bergen auf der Insel Rügen geboren, ging in Halle zur Schule, arbeitete in verschiedenen Jobs und studierte in der Saalestadt. 1977 wurde sie an der Martin-Luther-Universität Halle-Wittenberg promoviert, arbeitete bis 1991 im Bereich Germanistik/Deutsch für Ausländer im In- und Ausland, dann bis 2009 in der Pressestelle der Universität, wo sie auch verantwortliche Redakteurin des Unimagazins »scientia halensis« war.

Im Jahr 2009 erschien ihr Lyrikband »ZeitDruck für Mußestunden« im Mitteldeutschen Verlag.

Inzwischen befasst sie sich mit verschiedenen Projekten, unter anderem mit Gedichten, die sie unter dem Motto »Lieben und lieben lassen« veröffentlichen will.

*I*nhalt

Da war mal ein Großvater 5
Zwei Ritter 9
Die Kröte 17
Das Zwergenvolk 25
Osterfrösche 41
Das Felseneiland 50
Die versunkene Burg 64
Der Zauberstab 84
Das Hexenhäuschen im Walde 98
Die Mühle 112
Das Storchnest 128
Der Bergsteiger 136
Der Prinzgemahl 155
Der Bildhauer 168
Ein paar Worte zum Schluss 181
Von Kuschlis und anderen wichtigen Dingen 183
Alte Märchen im Blick junger Künstler
    und Halle – wie Ullrich Bewersdorff es sah 186
Bilder zu den Märchen 188
Halle-Bilder 189
Die Autorin 190

Danksagung

Für ihr sorgsames Lektorat und manchen hilfreichen Hinweis danke ich Erdmute Hufenreuter, für das gelungene Layout und den akkuraten Satz Stefanie Bader vom Mitteldeutschen Verlag. Mit sachlicher Beratung in Faktenfragen haben mir Angela Dolgner von der Hochschule für Kunst und Design, Jutta Heuer vom Zoologischen Garten Halle und Peter Pollandt sowie Renate Schmidt von der Böllberger Fähre sehr geholfen. Marita Voigt sage ich für die geduldige Betreuung der Schülerzeichnungen, den Wettiner Gymnasiasten Hong Mai Dang, Alexander Dumke, Vicky Forberger, Annemarie Haak, Elisa Jorgas, Morgana Maiwald, Juliane Rehnert, Marie-Luise Schneider, Philine Stich, Anna-Maria Sträßner, Hanna Tauer, Isabel Völz und Lisa Weißenborn für ihr künstlerisches Engagement, last but not least Rosemarie Bewersdorff für die angemessene und liebevolle Auswahl der Bilder von Ullrich Bewersdorff herzlichen Dank.

Mit Illustrationen von Ullrich Bewersdorff
und von Schülern des Burggymnasiums Wettin

Titelgrafik: Ullrich Bewersdorff

Mix
Produktgruppe aus vorbildlich
bewirtschafteten Wäldern und anderen
kontrollierten Herkünften
www.fsc.org   Zert.-Nr. SW-COC-002823
© 1996 Forest Stewardship Council

2010
© mdv Mitteldeutscher Verlag GmbH, Halle (Saale)
www.mitteldeutscherverlag.de

Alle Rechte vorbehalten.

Gesamtherstellung: Mitteldeutscher Verlag, Halle (Saale)

ISBN 978-3-89812-725-7

Printed in the EU